U0116071

鄭雅文 著

推薦代序

彰明南海通儒雅，化會侯官變達文

雅文女棣，因緣得識，人如其名，「雅麗溫柔」、「重道崇文」，性情德才並茂，理致感性雙美，孝親敬長、相夫教子、培英育秀，內外兼顧，養蓄咸豐，老幼皆怡，而「行有餘力，則以學文」，可謂多能難得的貞幹淑媛、教學相長的樂業良師，深為佩服與歆賞，至今戮力進學，猶然不廢遠志，誠可讚譽期許！

雅文執教中學，帶職進修，負笈於彰化師範大學國文學系「國文教學碩士班」；深造期間，師事研究清代義理學卓然有成的張麗珠教授，積學儲寶，酌理富才，研閱窮照，馴致繹辭，撰就碩士論文《從康有為和嚴復看晚清思想之嬗變》，名師出高徒，果然不同凡響，誠如荀子所謂「真積力久則入」，令人刮目相看。

民國九十三年八月暑期，筆者應張教授厚邀，擔任雅文論文口試委員，因係首度至彰師口考，且身為校外委員，因此對於雅文碩論相關的形式結構、內容論述與參考文獻，提出許多個人意見與看法，而蒙張教授涵宏大量，不以為忤而多所接納，並督促雅文相應修正改訂，而今全稿潤補底定，綱舉目張，欣聞將由臺北「萬卷樓圖書公司」

付梓出版，提供學界參考指教，特嵌名以「彰化」鳳頂、「雅文」龍尾雙格聯，樂為之序，並主動予以推薦。

本書薈萃康有為（1858-1927）與嚴復（1854-1921）時論，溯源竟委，縱探古今；辨章考鏡，橫剖中西，比同較異兩家思想，以「進化觀」、「儒學現代化」、「民主思想」與「社群倫理與西化衝擊」四端，耙梳通變，清明條達，頗能具體而微、深中肯綮的體現晚清思想嬗變的方方面面，成果煥燦，可觀其善。以下將雅文書中，或缺載的文獻資料，或未見的學術論著，再次補錄，提供日後持續撰述、深入研究的參考。其實，就晚清時代氛圍以及歷史背景而言，在光緒二十四年（1898）「戊戌變法」百日維新以前，關於變法的著作，犖犖大者有以下六種：

一、馮桂芬（1809-1874）《校邠廬抗議》二卷（1860），主張「以中國之倫常名教為原本，輔以諸國富強之術」，即後來張之洞（1837-1909）所謂「中學為體，西學為用」的先聲。

二、鄭觀應（1841-1923）《盛世危言》五十篇（1892），初以《救時揭要》之名發表，提出許多向西方學習的主張。

三、王韜（1828-1897）《弢園文錄外編》卷三（1884後成於上海），據其自作《弢園著述總目》說：「全文本分內外兩編。內編多言性理學術，辛酉（1861）冬間溺於水中，一字無存。外編乃就客粵時所作匯輯成書，中間多論時事。」在三卷中一系列的論文，他提出系統性向西方學習與改革內政的建議。

四、薛福成（1838-1894）《籌洋芻議》（1879），書成於光緒五年，是時日本侵入琉球，帝俄入侵伊犁。在這部書中，他提出應付列強侵略的辦法與變法的主張。

五、馬建忠（1845-1900）《適可齋記言記行》，他是中國官員在歐洲留學最早者，曾扈從幕僚於李鴻章（1823-1901）、曾紀澤（1839-1890）等名宦座下。這部書分「記言」、「記行」兩部分，其中「記言」收集他向西方學習的洋務思想與言論。

六、何啟（1859-1914）、胡禮垣（1847-1916）《新政真銓》六編（1887-1899），他倆是香港的「紳士」，初編〈曾論書後〉（1887），針對曾紀澤〈中國先睡後醒論〉一文中，專重堅甲利兵而不言變法的說法加以駁斥。二編〈新政論義〉（1895），主張「開鐵路以振百業，分職守以釐庶積」，認為新政既行，應添商部、學部、外部；併吏、禮二部為一，改名內部；而各部則應以商部居首。三編〈新政始基〉（1898），對企業的官督商辦，以及官辦、商辦，論說甚詳。四編〈康說書後〉（1898），係閱讀康有為保國會初集演說後所寫。五編〈勸學篇書後〉（1899），對張之洞的論說，多所折辯。六編〈新政變通〉，認為新政終於必行。

此外，尚有湯震（？-？）《危言》、邵作舟（？-？）《邵氏危言》、陳虬（？-？）《治平通議》、陳熾（？-？）《庸書》等，大體都是主張變法，全面向西方學習。而相對於此變法維新時期，也有兩部保守派的著作總集：一、葉德輝（1864-1927）《覺迷要錄》四卷。二、蘇輿（？-

1914）編輯《翼教叢編》六卷。從中可看出當時反對變法維新的保守分子的思想，楊家駱主編《戊戌變法文獻彙編》（臺北：鼎文書局，1973 年），收集許多有關著作與文件，可供進一步參考。

北京大學中文系陳平原教授《當年遊俠人——現代中國的文人與學者・最後一個「王者師」—關於康有為》（臺北：二魚文化，2003 年 11 月初版），頁 27 之「二」，開宗明義說：

> 談論現代中國學術，很難繞開康有為。梁啟超撰《南海康先生傳》，稱二十世紀新中國史開卷第一頁，「必稱述先生之精神事業」。這一「精神事業」，主要體現為政治思想，也包括教育與學術。在我看來，康氏的學術貢獻，集中體現在疑經辨偽、託古改制，以及以經術作政論。前兩者為學術思路，第三則是治學方法。但康氏的思路與方法，其實大有關聯，都可看作清末今文經學的集大成者。

此文筆調疏散，小品流韻，見微知著，旁通發揮，可以觸類引申，匡補闕遺；書中分述中國近現代在傳統與西化游移折衝的文人與學者，除康有為外，尚有寄禪（1851-1912）、章太炎（1869-1936）、蘇曼殊（1884-1918）、黃侃（1886-1935）、許地山（1893-1941）、林語堂（1895-1976）、丘逢甲（1864-1912）、蔡元培（1868-1940）、梁啟超（1873-1929）、劉師培（1884-1919）、陳寅恪（1890-

1969）、胡適（1891-1962）、傅斯年（1896-1950）與成舍我（1898-1991）等十四人，筆者反芻其文，深獲啟益，也期盼雅文悠遊其中，尋覓探訪夙昔典型。

又臺灣師大國家文學博士李雲光教授所編著之《康有為家書考釋——康有為晚年思想及生活新證》（香港：匯文閣書店，1979 年 5 月初版），也有足供參證者。而嚴復在晚清與民國之間，最主要的貢獻，在於譯介西方的哲學思想、邏輯方法與社會學說。王慶成、葉文心、林載爵編：《嚴復合集》二十冊（臺北：辜公亮文教基金會，1998 年），為目前有關嚴復傳世文獻最為完善的版本，必須搜集網羅。再者，戊戌政變六君子中，最為壯烈恢宏的譚嗣同（1865-1898），也應注意。

譚嗣同《仁學》（1896）是一部哲學著作，接觸到哲學各方面重要的問題。《仁學》開始有界說二十七條，其中一條說：「凡為仁學者，於佛書當通華嚴及心宗、相宗之書；於西書當通《新約》及算學、格致、社會學之書；於中國當通《易》、《春秋公羊傳》、《論語》、《禮記》、《孟子》、《莊子》、《墨子》、《史記》，及陶淵明、周茂叔、張橫渠、陸子靜、王陽明、王船山、黃黎洲之書。」淡江大學歷史學系王樾教授撰有專文〈就哲學義、政治義、文化發展義對康有為《大同書》之思想作——分析〉（臺北：淡江大學歷史學系，《淡江史學》第十七期，2006 年 8 月，頁 175-201）；以及專書《譚嗣同變法思想研究——從仁學的思想理則析論譚嗣同的變法理論與實踐》（臺北：臺灣學生書局，1990 年 8 月初版），博士學位論文《晚清佛學與近代政治思潮——以《大同書》、《仁學》、《齊物論釋》為核心之析論》（臺北：淡江大學中國文學系，2004 年 6 月）。雅文必須窮索，多所會通。

最後，僅以記憶所及之清儒「揚州二堂」—江藩（鄭堂，1761-1831）、焦循（里堂，1763-1820）傳世名言：「讀書當融釋，講學貴縝密；不讀書，無入德之門；不講學，無自得之樂。」「證之以實，運之於虛，庶幾學經之道也。」學海無涯，惟勤是岸，願與雅文女棣及士林同道，共進學程，同臻樂境。並期雅文學基深奠之際，更上層樓，祝福——闔府豐頤，道業賁泰。是為序。

賴貴三

2007 年 1 月 30 日（星期二），寒流來襲，冬陽溫煦，

謹識於臺灣師範大學國文學系「屯仁學易咫進齋」。

目錄

推薦代序／賴貴三 I

第一章　緒　論

第一節　研究動機暨前人研究成果 002
一、關於康有為 004
（一）述康有為之生平傳略者 004
（二）論康有為經學之思想及成就者 006
1. 一般著作 006
2. 學位論文 006
（三）述評康有為之思想者 007
1. 一般著作 007
2. 學位論文 008
二、關於嚴復 009
（一）述嚴復之生平傳略者 009
（二）述評嚴復之思想者 010
1. 一般著作 010
2. 學位論文 011
第二節　康有為與嚴復 012
一、康有為傳略 012
（一）家世背景 012

1. 家學淵源 012
2. 學問根基 014
(二) 學術暨思想革新 017
1. 走出傳統 018
2. 學術創新 019
3. 憧憬新世界 019
4. 教育革新 020
(三) 變法維新始末 022
1. 上書變法 023
2. 百日維新 025
(四) 保皇復辟 027
1. 保皇勤王 027
2. 尊孔復辟 029
二、嚴復傳略 031
(一) 家世教育 031
(二) 海軍歲月 033
(三) 變法訴求 035
(四) 學術成就 038
1. 天演思想 038
2. 翻譯巨擘 041
(五) 回歸傳統 044
第三節 時代背景——攸關存亡絕續的歷史關頭 048

第二章　持進化觀的康有為與嚴復

第一節　康有為「以古論今」的思維改革……055
一、調和心、物的「元氣說」……056
二、打破歷史循環論的「三世進化」論……062
（一）走出傳統變易思想……063
1. 何謂「三統」、「三世」說……066
2. 康有為與進化論……071
（二）康有為的「三世進化」主張……074
1. 比附君主專制、君主立憲、民主制度的「三世說」……075
2. 結合小康與大同思想的「大同三世說」……077
3.「仁」為三世進化之原理……080
第二節　啟迪民智的思想推手——嚴復暨其「進化論」主張……084
一、融合自然科學觀點的宇宙自然觀……085
（一）「氣」為萬有元素……086
（二）「天」為自然形氣非宇宙主宰……088
（三）由「氣轉」而「天演」……089
二、「世道必進，後勝於今」的進化觀點……091
（一）反對「天不變，道亦不變」的傳統思想……094
（二）以進化觀論證革新之合理性……095
（三）用「與天爭勝」修正「委天數」……097
（四）強調「運會」之必然性……100
小結……103

第三章　晚清儒學之轉趨現代化

第一節　對傳統儒學之轉化......106
一、從「變化氣質」到「苦樂定善惡」的性論......106
(一) 康有為從「自然人性」到「性有善惡」的性論...107
1. 認同告子「生謂之性」之性無善惡的早期看法.....108
2. 轉趨「性有善惡」之人性萬殊的戊戌變法後主張.111
3. 結合「三世」說與性論的「變化氣質」主張......116
(二) 嚴復以苦樂定善惡的性論......119
二、從「求樂免苦」到「開明自營」的理欲觀......126
(一) 康有為「求樂免苦」和「以禮節欲」的理欲觀...127
(二) 嚴復「開明自營」的善功思想......134
第二節　對現代思想的趨近......140
一、倡導自由、平等、博愛的天賦人權主張......140
(一) 康有為之綰合自由、平等、博愛與儒學思想......141
1. 凸顯孔子思想之「博愛」義......142
2. 強調儒家思想之「平等」義......144
3. 闡明不侵犯他人之「自由」義......147
(二) 嚴復強調自由平等的人權主張......149
二、更新國民道德的重智、重德主張......152
(一) 康有為發揚重智觀的「智體仁用」說......152
(二) 嚴復塑造國民新道德的「三民」主張......160
1.「鼓民力」——廢除吸鴉片與纏足陋習......163
2.「開民智」——廢科舉、講西學......164
3.「新民德」——發揚愛國精神......166

小結……………………………………………………171

第四章　當封建傳統遇上民主思想

第一節　近代民主理論的濫觴……………………………174
第二節　康有為倡論民主思想對中國的適切性………178
一、對儒家民主思想的新解………………………179
（一）以社會契約論反對君為臣綱………………183
（二）以儒家思想綰合民主制度…………………185
二、融合西學的「君主立憲」主張………………188
（一）定三權以變政體………………………………190
（二）立憲法以改國憲………………………………191
（三）設議院以行民權………………………………193
第三節　嚴復的民主改革觀點……………………………195
一、〈闢韓〉之反君權思想………………………196
二、自由為體、民主為用…………………………202
小結……………………………………………………214

第五章　當傳統群己觀面對西化衝擊

第一節　「社群倫理」的萌發……………………………218
一、「群」與「社會」………………………………222
二、「群學」與「社會學」…………………………224
第二節　康有為發揚群體意識的救亡主張………………227
第三節　嚴復闡揚群己自由觀……………………………231

一、「群」是社會進化之必然 232
二、不侵犯他人的「群己權界」 234
三、強調「群體」重於「個人」的自由主張 237
小結 240

第六章 結 論

一、進化論是轉進現代化的思想利器 243
二、國民改造是現代化的前提 244
三、民主政治是現代化的終極目標 246
四、現代化社會新倫理的開展 247

參考書目 251

第一章

緒　論

第一節 研究動機暨前人研究成果

封建的急遽解體，及伴隨西方船堅砲利而湧入西方文化，即是 19 世紀中國的歷史境況。這段歷史於中華民族發展史上，有著極為特殊的意義。因在前此數千年的中國社會雖不乏內部的或異族的戰爭摧殘，朝代頻繁更替，民族尚能綿延不斷。然而進入 19 世紀，面對前所未有的外國強敵入侵，不僅民族、國家生存已成問題，就是民族文化在國人心中也發生了前所未有的信仰危機。西方文化衝擊了中國封建的經濟和意識型態結構，傳統的社會格局發生了變化，儒家思想獨尊的地位也受到削弱，促使知識份子在文化價值觀、道器觀、義利觀、社會倫理觀等有了相當程度的變化。

在帝國主義列強的砲火強制推行下，晚清思想解放潮流是同如何抵禦外侮、富國強兵緊密連結在一起的。救亡圖存、學習西方，爭取民族獨立、政治民主，振興中華，成為晚清一代志士仁人奮鬥的主題歌，並構成這一歷史潮流的突出特色。在模仿西方船堅砲利的「洋務運動」、「中體西用」等思想在甲午一戰完全潰敗後，救亡圖存的策略乃轉而導向政治和社會體制的變革，因此知識份子思想的變化亦由技術層面上升到了思想層面。因此，維新派廣泛的宣傳變法維新以救亡圖存，推動著維新思想的迅速高漲。康有為（1858-1927）、嚴復（1854-1921）的思想可以說是這個轉型階段代表的人物。雖然他們的政治立場和政治主張彼此有所不同，但他們都一致體會到傳統價值體系和倫理規範已經面臨有所變革的階段了。

康有為是近代史重要人物，其重要性涵攝政治與學術，政治上開變法之先，學術上則啟「新學偽經」今古之爭，二者之間密切關聯。而嚴復是以包括「西學」譯介在內的學術活動和維新思路，系統介紹西學，高揚西方文化與價值系統的啟蒙思想家，在當時別樹一幟。梁啟超曾說：

> 康有為、梁啟超、譚嗣同輩，即生於此種學問飢荒之環境中，冥思枯索，欲以構成一種不中不西即中即西之新學派，而已為時代所不容。……時獨有侯官嚴復，先後譯赫胥黎《天演論》、斯密亞丹《原富》、穆勒約翰《名學》、《群己權界論》、孟德斯鳩《法意》、斯賓塞爾《群學肄言》等數種，皆名著也。雖半屬舊籍，去時勢頗遠，然西洋留學生與本國思想界發生關係者，復其首也。[1]

康有為與嚴復，實代表著兩個不同的學術時期：康有為意味著舊學術的結束，嚴復則預告了新學術時代的來臨。兩人皆試圖在中國傳統上加以改革，提倡變法，以適合中國國情的方式宣導。康有為，是當時維新變法的領袖，透過不斷向光緒帝上書請詔變法，以進行改革，在當時深具影響力，其學術、思想和遠見都是因應其政治抱負和理想而產生的。嚴復，早年留學英國，學貫中西，他投入了全部的智慧和生

[1] 梁啟超，《清代學術概論》（收在《中國近三百年學術史》，台北：里仁書局，1995），頁 82-83。

命，譯著了大量西書，以促成中國社會的轉型，因此其思想，多表現在其譯介的西書中。在當時，兩人變法角色不同，學術角色也不同，因此兩人要求中國改革的目標雖一致，但方法不同，論點也有差異。

本論文以「從康有為和嚴復看晚清思想之嬗變」為題，試圖從維新運動的領袖康有為，及深受西方文化洗禮的嚴復，同是傳播西方思想重要啟蒙者的二人，探討其思想主張的內涵，在晚清思想的創新、轉化中獨具的意義。因此，本論文所要探討的，是兩人面對甲午戰敗，主張變法改革所提倡的思想理論層面，攸關「進化思想」、「倫理道德」、「民主思潮」、「群己觀」的論述。因為從維新變法的角度切入，因此截取兩人這一段思想為中心來探究，又因著重維新變法的啟蒙轉化作用，因而將康有為放在嚴復之前加以論述。雖然，康有為、嚴復在後期，有復歸傳統、理論前後不一的矛盾，但二人對近代思想的啟蒙，仍有其重要的地位。至於他們後期的保守，學者多所論戰，有複雜的個人及時代背景因素，並不在本論文探討的範圍中。

歷年來學術界關於康有為、嚴復的研究論述琳瑯滿目、不勝枚舉。以下略述近代學者對康有為、嚴復的研究成果：

一、關於康有為

(一) 述康有為之生平傳略者

對於康有為生平之傳略書寫者頗多，內容十分詳盡，相當可觀。

1. 梁啟超的《南海康先生傳》：述其師之生平、哲學及理想，並評論其人及價值，為研究康有為思想者必參引之資料。
2. 湯志鈞的《康有為傳》：根據檔案、手稿，綜述康有為由治學到從政、由亡命到歸國、由言論到隱居的一生，並且具體分析其思想而予以適當的評價。
3. 王明德的《百年家族——康有為》
4. 林克光的《革新派巨人康有為》
5. 王樹槐的《康有為》
6. 何金彝的《康有為》
7. 張伯楨的《南海康先生傳》
8. 沈雲龍的《康有為評傳》
9. 馬洪林的《康有為大傳》
10. 鄭大華的《康有為》
11. 康同家的《康有為與戊戌變法》[2]

---

[2] 梁啟超，《南海康先生傳》（收在《飲冰室文集之六》，台北：中華書局，1972）。湯志鈞，《康有為傳》（台北：商務印書館，1997）。王明德，《百年家族——康有為》（台北：立緒文化，2002）。林克光，《革新派巨人康有為》（北京：中國人民大學，1990）。王樹槐，《康有為》（台北：商務印書館，1987）。何金彝，《康有為》（長春：吉林文史出版社，1997）。張伯楨，《南海康先生傳》（台北：文海出版社，1966）。沈雲龍，《康有為評傳》（台北：傳記文學，1969）。馬洪林，《康有為大傳》（北京：人民出版社，1988）。鄭大華，《康有為》（香港：中華書局，2000）。康同家，《康有為與戊戌變法》（台北：文海出版社，1974）。

(二)論康有為經學之思想及成就者

1. 一般著作

(1)丁亞傑的《清末民初公羊學研究——皮錫瑞、廖平、康有為》:內容從皮錫瑞、廖平、康有為對《公羊》學重新解釋經典開始,論其承天受命的神聖象徵、素王改制的堅定信念、三世理想的宏遠規模,開創了《公羊》學理論基礎,並指出這是皮錫瑞、廖平、康有為對經學最大的貢獻。

(2)房德鄰的《儒學的危機與嬗變——康有為與近代儒學》:分別就 「康有為早期儒學思想的轉變」、「康有為對儒學的新發明」、「儒學宗教化的努力」、「儒家色彩的烏托邦」論述,指出康有為的新儒學是為了挽救民族危機和文化危機而出現的一種政治理論和文化型態。[3]

2. 學位論文

(1)王妙如的《康有為公羊思想研究》:旨在探討康有為公羊思想之具體內容,並探討其對《春秋》的看法、「託古改制說」的內容,以及「三世說」為主的歷史進化觀。

(2)崔泰勳的《論康有為思想發展與廖平的關係——以康、廖兩人相關著作為例》

(3)丁亞傑的《康有為經學述評》。

---

[3] 丁亞傑,《清末民初公羊學研究——皮錫瑞、廖平、康有為》(台北:萬卷樓出版社,2002)。房德鄰,《儒學的危機與嬗變——康有為與近代儒學》(台北:文津出版社,1992)。

（4）洪鎰昌的《康有為《孔子改制考》研究》和《康有為《孟子微》研究》[4]

（三）述評康有為之思想者

1. 一般著作

（1）蕭公權的《近代中國與新世界——康有為變法與大同思想研究》：蕭公權致力於康有為思想的研究，本書是以「現代中國」與「新世界」為貫通全書的兩大要義，前者意指康有為對國家富強的追尋，而後者則論其在大同理想的尋求。

（2）鍾賢培的《康有為思想研究》：詳細論述康有為政治、哲學、經濟、教育、人才、文藝、科技等方面的思想內涵。

（3）汪榮祖的《康有為》和《康章合論》

（4）馬洪林的《康有為評傳》

（5）湯志鈞的《改良與革命的中國情懷——康有為與章太炎》

（6）臧世俊的《康有為大同思想研究》

---

[4] 王妙如，《康有為公羊思想研究》（淡江大學中國文學研究所碩士論文，1996）。崔泰勳，《論康有為思想發展與廖平的關係——以康、廖兩人相關著作為例》（國立台灣大學中國文學研究所碩士論文，2002）。丁亞傑，《康有為經學述評》（國立中央大學中國文學研究所碩士論文，1992）。洪鎰昌，《康有為《孔子改制考》研究》（國立高雄師範大學國文研究所博士論文，2004）。洪鎰昌，《康有為《孟子微》研究》（國立中興大學中國文學研究所碩士論文，1998）。

（7）李雲光的《康有為家書考釋——康有為晚年思想及新生活新證》

（8）朱義祿的《康有為評傳——時代的弄潮兒》

（9）李澤厚的《康有為、譚嗣同思想研究》

（10）宋德華的《嶺南維新思想述論——以康有為、梁啟超為中心》[5]

2. 學位論文

（1）林正珍的《近代中日社會思想中的人性論——以康有為及福澤諭吉為中心》：內容探討康有為的自然觀、公羊三世進化史觀、社會政治思想、人性論的內涵及「仁」與「禮」的論爭。

（2）安雲煥的《康有為的大同思想》：探索康有為大同思想形成、發展之時代背景與學術環境嘗試探討康有為的大同思想在中國近代史上的歷史意義。並以他的著作《大同書》為中心，分析其有關政治、經濟、社會、文化觀的內容

---

[5] 蕭公權，《近代中國與新世界——康有為變法與大同思想研究》(上海：江蘇人民出版社，1997)。鍾賢培，《康有為思想研究》（廣州：廣東教育出版社，1988）。汪榮祖，《康有為》（台北：東大圖書公司，1998）。汪榮祖，《康章合論》（台北：聯經出版事業公司，1998）。馬洪林，《康有為評傳》（南京：南京大學出版社，2000）。湯志鈞，《改良與革命的中國情懷——康有為與章太炎》（台北：商務印書館，1991）。臧世俊，《康有為大同思想研究》(廣州：廣東高等教育出版社，1999)。李雲光，《康有為家書考釋——康有為晚年思想及新生活新證》（香港：匯文閣，1979）。朱義祿，《康有為評傳——時代的弄潮兒》（桂林：廣西教育出版社，1997）。李澤厚，《康有為、譚嗣同思想研究》（上海：人民出版社，1958）。宋德華，《嶺南維新思想述論——以康有為、梁啟超為中心》（台北：中華書局，2002）。

及重要觀念，然後加以有系統之整理、比較。

（3）柳香秀的《康有為哲學思想之研究》：將康有為哲學的內涵，分三節「康有為春秋理念的內涵」、「康有為的人生觀」、「康有為的經世思想」論述。[6]

二、關於嚴復

(一) 述嚴復之生平傳略者

對於嚴復生平的探究，仍有許多值得挖掘的部分。

1. 王蘧常的《嚴幾道年譜》：已有概略的敘述，但還有許多地方有待補白。

2. 王栻的《嚴復傳》：並編有《嚴復集》，是研究嚴復必要的依據。

3. 郭正昭的《嚴復》：除了生平的介紹外，尚對嚴復的譯作詳加介紹。

4. 林保淳的《嚴復──中國近代思想啟蒙者》

5. 郭良玉的《嚴復評傳》[7]

---

[6] 林正珍，《近代中日社會思想中的人性論──以康有為及福澤諭吉為中心》（國立臺灣師範大學歷史研究所博士論文，1992）。安雲煥，《康有為的大同思想》（國立台灣大學政治研究所碩士論文，1991）。柳香秀，《康有為哲學思想之研究》（中國文化大學哲學研究所博士論文，1988）。

[7] 王蘧常，《嚴幾道年譜》（台北：商務印書館，1977）。王栻，《嚴復傳》（上海：上海人民出版社，1957）。郭正昭，《嚴復》（台北：商務印書館，1978）。林保淳，《嚴復──中國近代思想啟蒙者》（台北：幼獅出版社，1988）。郭良玉，《嚴復評傳》（台北：蘭臺企業有限公司，1998）。

(二)述評嚴復之思想者

關於嚴復思想方面的研究非常多，或是探討政治、經濟、教育、宗教、文學、史學等面向，或是更廣的分析嚴復對文化創造與現代化路徑的思考；也有人針對其思想的變遷，做出新的評估。

1. 一般著作

（1）史華兹的《尋求富強——嚴復與西方》：就西方文化的背景，深刻的探析了嚴復思想的本質。

（2）周振甫的《嚴復思想述評》：對嚴復的思想第一次做了系統性的研究，其中分「全盤西化時期」、「中西折衷時期」、「反本復古時期」探討，並對三期思想加以評判。

（3）王中江的《嚴復》：就嚴復「中西文化的比較與整合」、「科學實證與超驗存在」、「富強」、「自由」、「民主」、「社會」等思想，和文化翻譯成就，詳加論之。

（4）王克非的《中日近代對西方政治哲學思想的攝取——嚴復與日本啟蒙學者》

（5）李承貴的《中西文化之會通——嚴復中西文化比較與結合思想研究》

（6）黃克武的《自由的所以然——嚴復對約翰彌爾自由思想的認識與批判》

（7）劉富本的《嚴復的富強思想》

（8）劉桂生等的《嚴復思想新論》

（9）楊正典的《嚴復評傳》

（10）張志建的《嚴復學術思想研究》[8]

2. 學位論文

（1）高大威《嚴復思想研究》：從不同的角度，有深刻的闡發。

（2）黃圭學《嚴復變法思想之研究》：指出嚴復變法思想的理論基礎主要在《天演論》一書，而其變法的基本主張，則多從中西文化優劣之比較上著眼，因此就天演學說來介紹其變法思想的中心意旨，並分析介紹其對中西文化的比較觀。變法思想之基本原則與治標治本的變法策略。

（3）吳忠和的《嚴復教育思想研究》：指出嚴復思想充滿危機意識，認為在物競天擇、適者生存的法則下，唯有強者才能生存，因而致力於教育救國。

（4）黃麗頻《嚴復道家思想研究》：指出嚴復將道家思想中的「道」與進化論中的天演等同，並認為道家已具現代自由、民主思想。[9]

---

[8] 史華茲，《尋求富強──嚴復與西方》（上海：江蘇人民出版社，1996）。周振甫，《嚴復思想述評》（台北：中華書局，1964）。王中江，《嚴復》（台北：東大圖書公司，1997）。王克非，《中日近代對西方政治哲學思想的攝取──嚴復與日本啟蒙學者》（北京：中國社會科學出版社，1996）。李承貴，《中西文化之會通──嚴復中西文化比較與結合思想研究》（南昌：江西人民出版社，1997）。黃克武，《自由的所以然──嚴復對約翰彌爾自由思想的認識與批判》（台北：允晨文化，1998）。劉富本，《嚴復的富強思想》（台北：文景出版社，1977）。劉桂生等，《嚴復思想新論》（北京：清華大學出版社，1999）。楊正典，《嚴復評傳》（北京：中國社會科學出版社，1997）。張志建，《嚴復學術思想研究》（北京：商務印書館，1998）。

[9] 高大威，《嚴復思想研究》（國立政治大學中國文學研究所博士論文，

綜觀上述，前輩們對於康有為或嚴復的研究，在各方面均獲得了極高的肯定。但研究者鮮少將二人合而論之，深入探索其思想「變易」、「進化」、「人性」、「理欲」、「仁智」、「民主」、「群己」觀的論述，所呈現出中國傳統思想過渡到現代化的創新意義。因此，筆者參考前人研究的成果貢獻，先從兩人之生平背景論起，再依「進化觀」、「儒學之轉化」、「民主」、「群己觀」的思想進路，加以會通分析，以期在中、西文化交融中，找到中國哲學的新視野，並藉此研究，上可以追溯古代，下可以掌握現代中國思想的脈動。後學淺薄，容有甚多不足，未完足之處還請賢達先進不吝賜教。

第二節 康有為與嚴復

一、康有為傳略

(一) 家世背景

1. 家學淵源

康有為（1858－1927），又名祖詒，字廣夏，號長素。戊戌政變後，易名更生；張勳復辟失敗，又號更甡；戊戌後

1992）。黃圭學，《嚴復變法思想之研究》（國立台灣大學法律研究所碩士論文，1981）。吳忠和，《嚴復教育思想研究》（台北市立師範學院國民教育研究所碩士論文，1998）。黃麗頻，《嚴復道家思想研究》（逢甲大學中國文學研究所碩士論文，2001）。

在南洋庇能時，化名大庇，別署西樵山人。晚年築游存廬居之，號曰游存及游存老人。後又建天游堂於上海，創天游學院，又號天游化人。因籍廣東省南海縣西樵山銀塘鄉，世稱康南海或南海先生。[10]

南海康氏本是很平凡的家族。康家最早的祖先是南宋時的康建元，從廣東省北部韶州府南雄州珠璣里遷至廣東省南海縣西樵山銀塘鄉，又名蘇村。康家至康有為凡二十一世，前八世為農民，至第九世康惟卿、康惟相兄弟時不再滿足安逸的田園生活，開始成為讀書人，[11]漸漸成為詩禮之家，書香門第，問津功名，整個家族籠罩著一種濃厚的文化氛圍，保存著一種悠久的家學淵源，傳到十九至二十一世，也就是康有為的祖父到他這一輩，發展到鼎盛時期。

康有為的父親康達初，字植謀，號少農，又名致祥，是嶺南儒學大師朱次琦的學生，聰明好學，博通今古，但在科場上並不得意，屢試不中。曾參與鎮壓太平天國的征戰，瘦弱的身體因此染上肺病，戰爭結束後不久即與世長辭，死時康有為才十一歲。康有為的母親勞蓮枝，生於南海縣勞邊村一個「七世封素，家法謹於禮」封建士大夫家庭。[12]她雖沒有進過學堂，但家庭文化的薰陶，封建禮教的浸潤，對她的人格形成重要的影響，而她嚴格的管教方式，及本身嚴毅的

---

[10] 吳天任，轉引康保延〈恭述先祖南海先生二三事〉，《康有為先生年譜》（台北：藝文印書館，1994），頁 2。

[11] 康有為，《康南海自編年譜》（收在劉夢溪，《中國現代學術經典——康有為卷》，河北：河北教育出版社，1996），以下簡稱《年譜》，頁 813。

[12] 王明德，〈將門軍旅〉，《百年家族——康有為》（台北：立緒文化事業，2002），頁 117。

性格，也深深地影響了康有為。

在康氏家族中，對康有為影響最深的是他的祖父康贊修。康贊修，名以乾，號述之，人稱「連州公」，當「儒官」四十年，歷任教諭、學正、教授、訓導等教職，終其一生都是從事教育，篤守程朱理學，是嶺南之元夫醇儒，誨人不倦的導師。康贊修可算是舊式知識份子的典範，仁義禮智、忠信孝悌等綱常倫理在他身上充分體現出來，對於子孫的要求更是嚴格，諄諄教導，悉心培養。康有為從八歲起，就跟隨在祖父身邊走南闖北，祖父教經文，講史實，耳提面命，為他費盡心血，一直到祖父去世，十餘年間，祖父的言傳身教、思想人品、學問方面，對康有為的成長起了很大的作用，以致康有為以後的生活事業中，都可找到他祖父的影子。

2. 學問根基

康有為六歲起，入私塾讀書，學習《大學》、《中庸》、《論語》和朱熹註《孝經》等儒家經典。十一歲父親過世後，祖父康贊修帶他來到連州，親自教他學習。祖父日夜教導他「先儒高義、文學條理」，[13]又佐以古聖先賢、英雄豪傑的事蹟。「始覽《綱鑒》而知古今，次觀《大清會典》、《東華錄》而知掌故，遂讀《明史》、《三國志》」。[14]祖父的用心教導、封建正統教育的薰陶和聖賢豪傑的榜樣，再加上本身天賦異稟的作用，使得康有為幼年時便已胸懷大志，自內心

---

13 《年譜》，「同治七年戊辰十一歲」，頁 815。

14 同前註。

萌發一種向上的強烈慾望，舉止行為常自比古之豪傑，有霸視天下的豪氣。

後來康贊修安排康有為到九江鎮禮山草堂，拜朱次琦（1807-1881）為師。朱次琦，字稚圭，號子襄，南海縣九江堡人，道光進士，做過山西襄陵知縣，人們尊稱為朱九江或九江先生，是嶺南的理學大師。他的成長，處於漢學提倡者阮元在廣州學海堂創建漢學的時候，學風日漸，許多廣東學者漸反對宋代理學與漢學壁壘分明的黨派之分，而趨向於融合兩者，兼容並包。朱九江曾說：

> 學孔子之學，無漢學無宋學也，修身讀書，此其實也。[15]

朱九江的學術思想以程朱理學為主，治經則摒除漢宋的門戶之見，上溯至孔子，主張治學要平實、紮實，讀經的目的在濟人經世，朱九江特別強調「經世致用」，他說：「通經將以致用。」「學之而無用者，非通經也。」[16]他反對脫離現實的學問，尤其厭惡脫離現實的純粹考證學，並對當時的科舉、八股也提出貶抑。

康有為受朱九江的影響，以程朱理學及經世致用躬行實踐為要旨，治學也採漢宋不分，廣博閱覽。為了「經世致用」，開始閉門苦讀，先後讀了《周禮》、《王制》、《太平經國書》、《文獻通考》、《經世文編》、《天下郡國利病全書》、

---

15 朱次琦，《朱氏年譜》（收在《朱九江集》附錄，台灣：臺灣商務印書館，1977），頁 57。

16 《朱氏年譜》，頁 65。

《讀史方輿紀要》等關於國計民生的歷史書籍，寫下不少經國濟世的心得筆記。對於《東華錄》、《大清會典則例》、《十朝聖訓》等關於清代典章制度及史事掌故的書籍，更是悉心研究。

康有為認為注疏之學，支離破碎，無以明道；宋明理學，迂闊陳腐，蒙蔽人心，因此從學二年後，對於這種「日埋故紙堆中，汨其靈名」的學習產生了懷疑和厭倦。於是他辭別了老師回到了家鄉，希望藉由「靜坐養心」，找到人生的方向。康有為徬徨無依之際，「於佛教，尤為受用者」，「由陽明之學以入佛學」，[17]企望藉由研讀佛道之書，靜養神明，來悟出人生最終的出路、大千世界的根本哲理。他自述：

> 自謂此楞嚴所謂飛魔入心，求道迫切，未有歸依之時多如此。[18]

梁啟超言：

> 最得力於禪宗，而以華嚴宗為歸宿焉，其為學也，即心是佛，無得無證，以故不歆淨土，不畏地獄，非惟不畏也，又常往也，又常樂地獄，所謂歷無量劫菩薩行是也。以故日以救國民為事，以為舍此外，更無佛法。[19]

---

17 梁啟超，《南海康先生傳》，頁 70。

18 《年譜》，「光緒四年戊寅二十一歲」，頁 820。

19 《南海康先生傳》，頁 70。

由此可知，佛教普渡眾生的思想，對於急於挽救國家危難的康有為起了非常大的作用。

康有為早年沉醉佛學的時間並不長，他深受儒學經世思想的影響，而佛學是「出世」之學，是一種逃避、超脫現實世界的思想，他自認本身現身世界，本應時時以民生，國家為念，在現實社會中渡化萬民，在此岸創造樂土，因此「有事出城，遂斷此學」，[20]放棄了佛學。可是，康有為在現世救國救民的努力並沒有成功，後來又重拾佛典，由入世轉為出世，並有所吸攝，所著《大同書》內諸多思想便因此染上強烈的佛學色彩

(二) 學術暨思想革新

1879 年底，康有為來到英國資本主義治理下的香港。這些西方文物制度和風俗文化動搖了他原先對資本主義的偏見，認識到西方制度比中國專制體制優越，並進一步產生瞭解西方、學習西方的想法。1882 年，康有為藉著參加北京順天鄉試，南歸順道到上海遊歷一番，購買了大量江南製造總局翻譯的各類西書。據《萬木草堂始末記》一書中記載：

> 上海江南製造總局翻譯館譯印西學新書，三十年間售出不逾一萬二千冊，而康有為購以贈友及自讀者，達三千餘冊，為該局售書總數的四分之一強。[21]

此後，無論是介紹西方政治制度還是自然科學的書籍，他都

---

20 《年譜》，「光緒五年己卯二十二歲」，頁 821。

21 鄭大華，《康有為》（香港：中華書局，2000），頁 31。

積極地加以閱讀，走上了向西方尋求救國真理的艱苦歷程。

1. 走出傳統

康有為以改革自己的國家為出發點，對於西方的社會科學十分注意，著重考究政治、經濟和文化制度，最早閱讀《西國近事匯編》和《環遊地球新錄》，也閱覽西方自然科學書籍，「大攻西學書，聲、光、化、電、重學」。[22] 他本有深厚的國學基礎，再加上好學、苦讀，積極從傳統文化中尋找思想資料，加上自己的「妙悟」，會通中西，並運用西學改造中學，因此創立了自己獨特的理論學說。1884 年正值中法戰爭爆發，他研讀「所悟日深」，因此撰寫了《人類公理》、《康子內外篇》。

《人類公理》是在中法戰爭時外患日迫、內政不修，愛國心的驅使下撰寫的。康有為推論出「人有自主之權」的「公法」，並認為「人類平等」是「幾何公理」，因此人人生來便是自由平等，享有主宰自己命運的權利。在中國近代史上，《人類公理》具有封建知識份子摒棄「三綱五常」，第一次以西方天賦人權自由、平等、博愛的思想建構新倫理道德的進步意義。《康子內外篇》是康有為現存最早的哲學著作，涉及的內容十分廣泛，「內篇言天地人物之理，外篇言政教藝樂之事。」[23]全書交雜著理性主義、科學思想和人道主義的精神，尤其是強調「智」的理性思想，否定傳統的「重義輕智」，是一部反省傳統文化，對儒學「內聖外王」重

---

[22] 《年譜》，「光緒九年癸未二十六歲」，頁 823。

[23] 《年譜》，「光緒十二年丙戌二十九歲」，頁 826。

新評判和思考的著作。

2. 學術創新

從 1890 年到 1897 年間，他陸續編寫了《婆羅門教考》、《王制義證》、《周禮偽證》、《孟子公羊學考》、《春秋董氏學》、《日本書目志》等十幾部的著作，其中對於思想界產生巨大震動，影響最為深遠的是《新學偽經考》和《孔子改制考》兩本著作。

《新學偽經考》的內容主要在論述東漢以來的古文經都是出自於劉歆假借孔子的名義偽造的，目的是為了王莽篡漢，因此湮滅了孔子的微言大義。古文經是新莽一朝之學，所以稱為「新學」，而這些古文經都是偽造的，因此稱為「偽經」。這說法無疑是公然向歷代封建統治思想提出挑戰，給程朱理學思想為主的科舉的學術界一記當頭棒喝，動搖了封建守舊派「恪守祖訓」的觀念，促使傳統知識份子思想獲得解放。《孔子改制考》又是康有為的另一項重要著作，他推翻了孔子「刪述六經」、「述而不作」的傳統觀點，推崇孔子是「托古改制」的創始人，熱烈主張進步與革新，反對落後和守舊。而他的變法完全符合孔子「托古改制」的真諦，是一種思想的繼承和發揚。

3. 憧憬新世界

如果以《新學偽經考》的要旨在破除守舊理論，《孔子改制考》的要旨在豎立變法理論，那麼《大同書》的要旨在鼓舞維新派，宣傳維新變法的光明前景。

《大同書》的思想十分複雜，有學者認為是「混合公羊家三世說，禮運篇小康大同說，佛教慈悲平等說，盧騷天賦人權說，耶穌教博愛平等自由說，還耳食一些歐洲社會主義學說，幻想出一個大同之世。」[24]康有為也承認，他的《大同書》是集「孔子之太平世，佛之蓮花世界，列子雲甑瓶山，達爾文之烏托邦」[25]而成，給人類社會未來的發展描繪了一幅無私產、無階級、無家族、無邦國、無帝王、人人相親、人人平等的理想畫面。

儘管康有為所構思的大同社會有些缺點，也有些荒誕不經，甚至離現實十分遙遠，通向大同世界的路更難以實行，但《大同書》體現了社會主義的空想精神，展現未來人類社會美好的前景，是一種至真至善的追求，而這種願望、偉大的構思，也實踐了歷代士人兼善天下、匡民濟世的抱負，應獲得肯定。

4. 教育革新

康有為出生教育世家，對於「教育」懷抱著育才與救世的雙重目的，因此戊戌年間，他通過各種管道廣泛地宣傳自己改革的主張，創辦新式學堂、學會、報刊，訓練骨幹，團聚力量，製造輿論，推動中國改革運動的開展。

康有為一生中三次興學，除此之外，還撰寫了《教學通義》、《長興學記》、《桂學答問》等闡發其教育思想的專著。康有為在《教學通義》指出：

---

24 鄭大華，《康有為》，頁 125。
25 同前註。

> 康祖詒曰：今天下治之不舉，由教學之不修也。[26]

康有為指出教育的落後、民智的低下是導致中國衰敗的原因之一，因此「欲任天下之事，開中國之新世界，莫亟於教育」，[27]康有為漸漸將從事教育作為推進維新變法，振興中國的重要手段。

根據《康南海自編年譜》中記載：

> 始開堂于長興里，講學，著《長興學記》，以為學規。與諸子日夕講業，大發求仁之義，而講中外之故、救中國之法。[28]

康有為授課的內容學貫中西，貫通古今，以孔子學說、宋明理學、佛學為體，以史學、西學為用，課餘還開設音樂舞蹈、軍事體操、射擊、遊歷等體育課，來加強學生的體魄。這融進西方文化精神，立於傳統又超越傳統的學校教育制度，在教育史上別具開創性的意義，也為中國培育了一批新國之才。

除了培養人才外，康有為悟出必須尋求士人和中下官員的贊同，維新變法的思想才得以傳播，所以必須在他們之間進行一種教育和宣傳的活動，那就是辦報紙「啟迪民智」和立學會「團結士群」來倡導變法。一八九五年，康有為在〈上清帝第四書〉布達後，在北京創辦了第一份報刊《萬國

---

[26] 康有為，《教學通義》（收在《中國現代學術經典──康有為卷》），頁31。

[27] 《百年家族──康有為》，頁71。

[28] 《年譜》，「光緒十七年辛卯三十四歲」，頁832。

公報》，內容除了轉載有關「新政」的各項報導和新聞外，也介紹西方的經濟、政治、科學各個情況，使官員和士大夫開闊了眼界，改善了不通外國政事和風俗的閉塞情況。康有為也在報中積極宣導維新變法思想，梁啟超主編的《時務報》更以其文筆的流暢、議論的新穎，很快的風行影響全國，一時間，宣傳維新變法的報刊，如雨後春筍般紛紛創立，遍布全國各大城市。

康有為在辦《萬國公報》的同時，亦在北京成立第一個學會組織「強學會」。他對組織學會十分重視，認為「泰西所以富強之由，皆由學會講求之力」，[29]是挽救民族危亡，推動變法革新，使國家富強的大事。因為通過學會的建立，能灌輸新思想，團結有志之士，進而吸引更多的人加入變法行列。而且更可以透過學會士紳爭取到某些政治權利，從而提高從事變法活動的可能。

(三) 變法維新始末

康有為在近代中國的歷史地位主要不是因為他的思想而見稱，而是因為他所策劃領導的戊戌變法、百日維新而留名。他屢次上書並發動維新變法，大聲疾呼國人國難當頭，人民必須奮起救亡圖存，並學習西方做徹底的改革，以挽救祖國，使中國能逐步成為像西方那樣繁榮強盛的國家。

---

[29] 康有為，〈上海強學會序〉（收在湯志鈞，《康有為政論集》，北京：中華書局，1998，以下簡稱《政論集》），頁 169。

1. 上書變法

康有為領導維新變法，認為只要當朝皇帝下決心變法，運用手中的大權，就可以扭轉乾坤，開創新的局面。所以他不顧一切狂熱地向光緒皇帝上書，把維新變法的希望寄託在皇帝身上。他一共上書七次，第一次是 1888 年；第二次是 1895 年「馬關條約」簽訂之時，即「公車上書」；同年又第三次、第四次上書；1897 年德國強租膠州灣後，又第五次上書；1898 年一月第六次上書；同年二月又第七次上書，設計了一個以君主立憲為主體的救國方案，並反覆申述和論證他的政治主張。

康有為在《康南海自編年譜》說：

> 計自馬江敗後，國勢日蹙，中國發憤，只有此數年閒暇，及時變法，猶可支持，過此不治，後欲為之，外患日逼，勢無及矣。……值祖陵山崩千餘丈，乃發憤上書萬言，極言時危，請及時變法。[30]

1888 年，康有為第二次進北京參加順天鄉試，呈遞了一份長達五、六千字的〈上清帝第一書〉，[31]提出自己社會改革的主張，痛陳中國當時所面臨的內憂外患，論述變法的重要性和迫切性，在書中提出「變成法，通下情，慎左右」三點建議。[32]

---

[30] 《年譜》,「光緒十四年戊子三十一歲」, 頁 826。

[31] 《年譜》,「光緒十四年戊子三十一歲」, 頁 827。

[32] 康有為,〈上清帝第一書〉,《政論集》, 頁 57。

〈上清帝第二書〉即是〈公車上書〉，[33]當時康有為聽聞「馬關條約」割地賠款的簽訂，當下義憤填膺，起草一份一萬八千餘言的上皇帝書，堅決反對「馬關條約」，要求光緒帝「下詔鼓天下之氣，遷都定天下之本，練兵強天下之勢，變法成天下之治」，[34]提出拒和、遷都、練兵、變法四項主張。康有為起草後，和門生努力奔走，集十八省舉人一千三百多人準備聯名上書，卻遭投降派、頑固派的破壞而失敗，雖如此，社會上要求改革的聲浪卻高漲，也奠定了康有為維新變法的領導地位。

〈公車上書〉後不久，康有為考中進士，當月他又寫了一萬多字的〈上清帝第三書〉，為〈公車上書〉補充說明及提出變法的步驟。這次上書很幸運地到達光緒帝手中。光緒當下大為激賞，命閣臣抄錄三份，其中一份還呈慈禧懿覽，這次上書對光緒帝產生「毅然有改革之志」的作用。不久，康有為又書寫〈上清帝第四書〉，這次專談變法的先後次第及下手之方。進行變法的辦法是：「立科以勵智學」、「設議院以通下情」。這次上書是康有為第一次向皇帝正式提出開設議院主張，[35]儘管未能上達，卻別具意義。

正當維新運動高漲之際，德國卻出兵強佔膠州灣，康有

---

[33] 公車即官車，漢代實行徵辟制度，士大夫應舉到京做官，由公家備車接送。後來以「公車」作為入京應試舉人的代稱。「公車上書」就是舉人向皇帝上書（詳鄭大華，前揭書，頁 84）。

[34] 康有為，〈上清帝第二書〉，《政論集》，頁 116。

[35] 要求設議院，這並不始於康有為，早在中法戰爭時，以鄭觀應、王韜、馬建忠等早期維新思想家已對此做過一些宣傳，只是沒有像康有為那樣具體，更沒有直接上書（詳鄭大華，前揭書，頁 88）。

為於此時再度呈上〈上清帝第五書〉，這次上書的變法內容更具體，更全面。興民權、開國會、立憲法、建立君主立憲制的政治制度，成了最響亮的口號。儘管這次也沒有遞到皇帝手中，但報紙公開刊載，因此流傳很廣，影響頗大。後來在翁同龢（1830-1904）的保薦下，康有為得以有機會將建議書遞呈光緒帝，於是他呈上〈上清帝第六書〉即〈應詔統籌全局摺〉全面闡述他的主張。這次可說是集歷次上書之大成，是資產階級改良派從中央到地方的政治改革，也是戊戌變法的施政綱領。不久，康有為又呈遞了〈上清帝第七書〉和〈俄彼得變政記〉，力主中國變法必須仿效俄國彼得大帝，要有徹底變法的決心。

2. 百日維新

光緒帝有感於內憂外患，不願做亡國之君，同時又面臨慈禧太后的壓制，欲透過變法尋找一條生路，挽救搖搖欲墜的江山。康有為不斷地上書，憂時憂危的愛國心和變法圖強的報國之志，對光緒帝無疑是撥雲見日，豁然開朗，1898年6月11日，這天光緒帝下詔「明定國是」，宣布變法，直到9月21日慈禧太后發動戊戌政變，變法失敗，總計一百零三天，史稱「百日維新」。

光緒帝親自召見康有為，有心委以重任，不料守舊勢力的阻撓，康有為竟只謀得相當於秘書的「章京」六品小官。雖如此，光緒帝特許他專摺奏事的權利，透過呈遞的書稿和奏摺，提供了變法理論、變法藍圖和變法方法和步驟。變法期間，康有為上奏多達五十件，內容涉及政治、經濟、軍事、文化教育、社會風俗等。在政治方面，他強調立憲法，設議院，開制度局議行新政，給人民一定程度的言論、出版、結社的自由；在經濟方面，要求保護工商業，發展資本主義經濟；在軍事方面，要求重練海陸軍，挽救中國被列強瓜分的危機；在文化教育方面，提出廢科舉，辦學校，譯新書，以培養新的人才，這些主張對於國內工商業的發展和西方文化科學的傳播，都有一定積極作用。

光緒帝的新政「上諭」比較康有為的變法建議，兩者儘管有出入，但大體上仍反映了康有為的變法精神。「新政」沒有康有為變法主張來得徹底，因此效果也大打折扣。而維新派始終無法建立一個推行變法政策的權力機關，開制度局和廢八股，危及守舊派的權力和利益，因此「新政」受到層層的阻礙和抵制，可以說，百日維新的啟動及每一項的改革，都是新、舊兩種勢力鬥爭的結果，改革愈深入，守舊勢力反抗也愈激烈，不等實施，新政內容早已弄得面目全非了。做為頑固勢力代表的慈禧，早已部署力量，策劃政變，欲廢除光緒，再度垂簾聽政。慈禧於 9 月 21 日發動政變，正式「訓政」，並下令逮捕康有為和其弟康廣仁及維新派黨人。其後，光緒帝被囚於瀛台，戊戌六君子喋血於菜市口，康有為僥倖於政變前一天離京赴滬，在英國人的協助下逃往香港。新政措施除京師大學堂被保留外，其餘全部取消，戊戌變法以失敗告終。

雖然百日維新最後失敗了，但卻喚醒了中國人，正是在戊戌精神的鼓舞下，中國人民前仆後繼投身於救國救亡運動，民主風氣也為之大開，一些人更轉而投身革命，從事武裝反清運動，使中國進入另一個新的時代。

(四) 保皇復辟

戊戌政變後，康有為流亡海外，當革命呼聲風起雲湧之際，康有為領導保皇派，與革命派形成對立的局面。至辛亥革命成功，民國建立，康有為仍時以清帝為念，還參加張勳的復辟運動。他從一個受知識份子推崇的啟蒙家，淪為被時代拋棄的落伍者，他處在自己無法擺脫的矛盾中，扮演著悲劇的角色。

1. 保皇勤王

1898 年 10 月，康有為輾轉從香港來到日本，成為政治的流亡者。當時孫中山先生也在日本進行革命，康有為聲稱奉有光緒「衣帶詔」的神聖使命，有資格代表皇帝呼籲各國伸出援手，不便與革命黨往來，拒絕會晤。他又告訴奉孫中山之命拜訪自己的陳少白說：

> 今上聖名，必有復辟之一日。余受恩深重，無論如何不能忘記，唯有鞠躬盡瘁，力謀起兵勤王，脫其禁錮瀛台之厄，其他非余所知，只知冬裘夏葛而已。[36]

從而使資產階級維新派與革命黨之間的合作蒙上陰影。

1899 年，康有為來到加拿大，集議成立「保皇會」，其全稱為「保救大清光緒皇帝會」，亦稱「中國維新會」，又叫

[36] 鄭大華，前揭書，頁 145。

「保救大清皇帝公司」，其宗旨為：「今同志專以救皇上，以變法救中國黃種為主。」[37]正式打出保皇的旗幟，成立一個有組織形式、有明確政治目的的政治組織，並很快把這一組織推向全世界，成為擁有百萬之眾的世界性統一組織。

康有為記取了戊戌政變時維新派手中無一兵一卒的慘痛教訓，決定組建自己的保皇軍。1900 年，保皇會首先在美國舊金山、洛杉磯、紐約等地建立起干城學校訓練軍事人才，等時機成熟時輸送學員回國起義，實施武裝勤王計畫。1900 年義和團運動在北方興起，康有為授意譚嗣同的友好、湖南維新志士唐才常在長江中下游組織自立軍，起義勤王，不料最終失敗。唐才常等人的犧牲，使不少愛國青年認識到保皇立憲的道路是行不通的，於是紛紛脫離保皇會而轉向反清革命。

1906 年，清政府為了抵制日益高漲的反清革命運動，拉攏知識份子，頒佈「預備立憲」，保皇黨人大受鼓舞，1907 年初改保皇會為「國民憲政會」。康有為仍堅決反對革命，企圖重溫君主立憲的美夢。當時，民主革命運動已成為時代的潮流，而康有為仍堅持唱十年前的老調，「保皇會」由保光緒皇帝轉為保清朝封建政府，由針對慈禧為首的清政府轉向革命派，顯然康有為的思想漸落後於形勢與社會背道而馳了。

---

[37] 康有為，〈保救大清皇帝會例〉，《政論集》，頁 415。

2. 尊孔復辟

辛亥革命爆發後，民國成立，康有為起初仍在海外觀望情勢，立憲運動失敗後，他清楚知道「君主立憲」的主張已行不通了，於是又提出「虛君共和」的口號，所謂「虛君共和」即是「以共和為主體，而虛君為從體」，[38]以對抗革命派「民主共和」的政治訴求。這時康有為已無皇可保，但他又製造輿論：

> 中國積四千年君主之俗，欲一旦全廢之，甚非策也。況議長之共和，易啟黨爭，而不宜於大國者如彼；總統之共和，以兵爭總統而死國民過半之害如此。今有虛君共和體……盡有共和之利，而無爭亂之弊，豈非最法良意美者乎？[39]

可見這時康有為仍戀棧舊制，眷念君王，想掛一個「共和」的假招牌，想望清朝復辟。在康有為看來，最理想的虛君人選全國只有宣統皇帝溥儀和孔子後裔衍聖公二人。他信誓旦旦地保證，只有「虛君共和」的政治制度，才能安國弭亂。

康有為在《中華救國論》中述及：

> 或者謂儒家經傳多重倫綱，今政改共和，君臣道息，諸經掃地，窒礙難行。[40]

---

[38] 康有為，〈共和政體論〉，《政論集》，頁 691。
[39] 同前註。
[40] 康有為，〈中華救國論〉，《政論集》，頁 728。

指出民初舉國教化衰微、紀綱掃蕩、禮樂崩壞、人心變亂，這些維護封建制度的「教化」、「紀綱」、「禮俗」受到革命的衝盪而敗壞，都是廢棄孔教的結果，因此要尊孔讀經，並要求立孔教為國教。本來，康有為在戊戌變法時，主張孔子改制，塑造資產階級化的孔子，這時他又推崇孔子，卻是封建的孔子，更想以其作為「虛君」的土木神，[41]來抗拒共和制度，這短短十年的時間思想的後退是何等急遽。

在從事尊孔復古活動的同時，康有為更是積極為清朝復辟奔走呼號，連續發表文章鼓動。1916 年袁世凱敗亡後，康有為與張勳取得聯繫，展開復辟行動。康有為異想天開地企圖利用張勳的軍事力量，來實現他君主立憲的美夢。而這復辟鬧劇在全國的聲討聲中，僅十二天便草草收場，康有為落個罪魁禍首的臭名，成了康有為一生中最大的錯誤。

民國以來，民主共和思想已經深入人心，康有為的言行顯然已遠遠落後於時代，並被中國人民所拋棄，他從此也就退出了中國的政治舞台。儘管他已是一鬢髮皆白的六十歲老翁，但愛國之心不減，愛國之志不變，這次復辟失敗的教訓，並沒有使他改變初衷，直至七十歲猝死，仍是「反對外國侵略之情未泯，復辟之心不死，尊孔之志猶存，反對革命」，[42]反對共和，對廢帝眷念不忘。

---

41 「民主之義，徒啟內爭，吾終以為不可行於中國也。與其他日尋干戈以爭總統，無如迎一土木偶為神而敬奉之，以無用為大用，或可以弭亂焉。」(〈救亡論〉,《政論集》，頁 676)「土木神」意指以「孔子」做為領袖，來消弭民初為爭總統的動亂。

42 林克光，《革新派巨人康有為》(北京：中國人民大學，1990)，頁 482。

二、嚴復傳略

(一)家世教育

嚴復，本名體乾，字傳初，入船政學堂易名宗光，字又陵，一字幾道，登仕始改名復，晚號痛壄老人，別號尊疑尺盦，又自署天演宗哲學家。因世居福建侯官，人稱「嚴侯官」、「侯官先生」。

嚴復的家庭世代是讀書人，父親嚴振先，號志范，以行醫餬口。嚴復從七歲時上學到十五歲入馬江學堂前，父親已陸續延聘多位教師教導他有關中國學術的各種知識，尤其是在漢學、宋學皆著重的嚴師黃宗彝的教導下，嚴復初步觸及中國傳統思想文化的核心，「始治經有家法」，並「飫聞宋元明儒先學行」，[43]因此奠定了深厚的國學基礎。十四歲時父親過世，於是他所受的中國啟蒙教育只好告一段落。這一年（同治六年，1866 年）適逢嚴復的同鄉沈葆楨在福州造船廠，附設了一間海軍學校──求是堂藝局（海政學堂），正好招考「少年聰穎弟子」，此時喪父經濟陷入困頓的嚴復，便去投考這個海事學堂，以便貼補家用。當時測試作文一篇「大孝終身慕父母論」，嚴復有感於家道中落，發為文辭，文情並茂，深得沈葆楨賞識，拔擢為第一。

當時，海政學堂分為學習法國造船技術的「前學堂」，和學習英國駛船術的「後學堂」，嚴復進了「後學堂」學習英文和駛船術。異於過去所受邑中宿儒的四書五經，他開始

43 王栻，《嚴復集》（北京：中華書局，1986），第五冊，頁 1541。

接觸西方新式的海軍知識和訓練，這些都屬於「格致」之學（自然科學）的基本學問，如算術、幾何、電學、力學、光學、天文學、航海學、地質學……等，當時這些書籍很少有中譯本，因此修習英文成了最重要的課程。憑著自己過人的智慧及奮勉的學習，五年後以最優等畢業，被派上建威號練習船上實習。隨著建威號，他曾南至新加坡、檳榔嶼，北至直隸灣、遼東灣等地，增長了不少見聞，這便是嚴復獻身海軍的開始。同治十一年，嚴復改派至中國人製造的新型軍艦揚武號服役，巡歷黃海及日本各地。揚武號艦長德勒塞（Commander Tracey）在任滿將歸之際，曾贈言給嚴復，期望他繼續出國深造，嚴復猛然醒悟，因此決意出國留學。

光緒二年，嚴復成為船政學堂選派至英、法留學的人選之一，因此赴英後，先後進入朴資茅斯（Portsmouth）大學院、格林威治海軍大學（Greenwich Naval College）就讀，研究高等算學、海軍戰術、建築、公法等科目，其間也曾赴法國遊歷。留英期間，嚴復並不斤斤於學業課程之間，更致力於其他關於政治、思想、文化方面的探討，企圖藉由瞭解西方制度，以知己知彼，圖中國富強。當時英國正處於維多利亞王朝文物聲名鼎盛的時代，和中國清廷腐敗落後的局面，形成了強烈的對比，嚴復身處其境，感受更為強烈，他思索這種社會組織和政治制度的背後，自有其文化思想的基礎，因此，更進而研讀了當時流行於西方的許多哲理性著作。

在英國期間，他遇見了當時國內首屈一指的洋務派領袖，那就是清政府第一任駐英公使郭嵩燾（1818-1892），也是中國第一位駐外使節。當時，嚴復拿他對西方政治社會的觀感，以及研讀自然科學與社會科學名著後所得的見解，向郭嵩燾請益，二人侃侃而談，論述中西學術之不同，郭嵩燾對嚴復甚為賞識，並引為忘年交，認為他將是年輕一代的棟梁。嚴復後來回憶說：

> 猶憶不佞初遊歐時，嘗入法廷，觀其聽獄，歸邸數日，如有所失，嘗語湘陰郭先生，謂英國與諸歐之所以富強，公理日伸，其端在此一事。[44]

嚴復之所以會致力於外邦政經哲學的研究，主張「西化」必須以政教文化制度為起點，中國才得以富強，郭嵩燾的推崇和期許，具有很大的鼓舞和啟迪功效。

(二)海軍歲月

光緒五年（1879），二十七歲的嚴復學成歸國，船政大臣吳贊誠禮聘他擔任母校船政學堂的教習。第二年，兩江總督兼南洋大臣沈葆楨逝世，海軍的規劃大權落到直隸總督兼北洋大臣李鴻章身上，李鴻章便調任嚴復前往擔任他新創辦的海軍學校「天津水師學堂」的總教習。嚴復循階擢升至總辦，直到光緒二十六年庚子拳亂發生，才辭去職位，避居上海，前後在天津水師學堂長達二十年。

當時海軍分為三部：北洋、南洋及福州。北洋海軍所負責的海域，為防禦京師的最前哨，因此格外受到重視，再加

---

[44] 嚴復，《法意》按語，《嚴復集》，第四冊，頁 969。

上關涉到當時國運的北洋艦隊成立，因此天津水師學堂因隸屬北洋艦隊，得肩負起培育後繼優秀海軍人才的重責大任。在總辦吳仲翔和嚴復全力經營及嚴格的督導下，天津水師學堂展現出豐碩成效，培育出八屆二百四十七名學生，形成日後海軍的中堅。但在這二十年的生涯中，嚴復不甚得志，常有無法發揮長才的喟嘆，原因一是：他和李鴻章之間有所牴牾和摩擦，因此光緒十六年嚴復雖接任總辦之職，卻「不預機要，奉職而已」。[45]二是：嚴復並非科舉出身，社會重文輕武使然，人微言輕，難以施展抱負。他在給兒子嚴璩的信中提到：

> 自思職微言輕，且不由科第出身……故所言每不見聽。欲博一等入都，以與當軸周旋，既已入彀中，或者其言較易動聽，風氣漸可轉移。[46]

藉由科舉考試，若能成功，改變身份，便可使理想付諸實現。因此嚴復鑽進八股文中，發憤「治制舉之業，冀以科第顯」，兩應福建鄉試（光緒十一年和十九年），兩應順天府鄉試（光緒十四年和十五年），不幸都失敗。空有一腔熱血，滿懷抱負，卻無人加以拔擢重用，心中的苦悶失望可想而知。不過，由於他在水師學堂的功績，海軍報捐同知，以知府選用，一直升到道員候補，分發直隸選用，但他志不在當官，因此沒有赴選，仍舊留在水師學堂。

嚴復接任總辦，理應有嶄露頭角的機會，但由於激烈的

---

[45] 《嚴復集》，第五冊，頁 1541。
[46] 同前註，頁 1547。

改革主張和李鴻章觀念歧異，因此兩人格格不入，時有齟齬。究其原因，嚴復飽受西方文明的薰染，洞見西方國家之所以富強的原因，反觀國內盡是官場粉飾太平、腐敗敷衍的習氣，國人雖倡西學，但都是些皮毛功夫，甚至更多的人鄙夷西學，萎靡不振。而東方的島國日本，自明治維新以來，卻日益強盛，進而侵台灣、吞琉球。他深覺中國若不加速改革的腳步，不出三十年，中國的領土、藩屬將被吞滅殆盡，到那時中國就要像老牛一樣，讓外國侵略者牽著鼻子走了，[47] 因此非以激烈的手段進行改革不可。如此激烈的愛國言論，李鴻章恐觸清廷之忌，因此對嚴復只是虛以委蛇，迄未加以重用。

嚴復如此抑鬱不得志，除了科舉一途，他也曾朝企業界謀發展。他與王慈劭投資創辦河南修武縣的煤礦，資本萬數千，嚴復約佔其半。但在社會輕商的傳統下，這對其政治活動並無助益。嚴復也曾寄望張之洞，希望得到重用，即使張之洞（1833-1909）對他「頗有知己之言」，[48]欲網羅嚴復，但在那種洋務派官僚體系中，嚴復是不可能施展抱負的。這樣長久的屈抑不伸，漸漸使他走上疏離抗議之途。

(三) 變法訴求

光緒二十年（1894）甲午戰爭爆發，中國海陸軍均遭慘敗，犧牲慘重，海軍居然在四小時內毀於一旦。對此，嚴復

---

[47] 陳寶琛，〈清故資政大夫海軍協統嚴君墓誌銘〉（見《嚴復集》，第五冊），頁 1541。

[48] 《嚴復集》，第三冊，頁 731。

十分痛心，身為軍人，不能上第一線殺敵，雖極力反對言和，卻發生不了作用。悲痛之餘，連續發表了四篇聳動一時的文章：〈論世變之亟〉、〈原強〉、〈闢韓〉和〈救亡決論〉。嚴復這四篇警世之作，其中尖銳有力的文字及精闢絕倫的議論，使思想獲得進一步突破，終於超越洋務思想，進入維新思潮的新時代。此時的嚴復，對傳統採取激烈的批判，醉心西方的「民主」和「科學」，這正代表著維新派人士面對傳統學術文化無法有效地解決國家的危難時，救亡圖存唯一的出路。

〈論世變之亟〉中，嚴復抨擊了所有的頑固守舊派，提出了他維新的引論。他強調國人應把視野放在全世界的角度上，歷史發展的規律，即所謂的「運會」，是沒有人能夠阻擋的。他說：「運會既成，雖聖人無所為力。」世界的潮流，在西方文明的帶動下，已進步快速發展，中國位居世界之中，不應墨守成規，應調整步伐以適應此一趨勢，否則勢將「亡國滅種，四分五裂」。嚴復更進而剖析中西社會文化的差異，提出一個比較的觀點，而歸結到自由論的闡釋。

嚴復在〈原強〉一文中，根據達爾文（Charles Robert Darwin,1809-1882）及斯賓塞（Herbert Spencer,1820-1903）的學說提出一個國家強弱存亡的三大標準：血氣體力之強、聰明智慮之強、德行仁義之強，並以此標準來考察當時中國危亡的處境，要復興中國必須培養民力、民智、民德。更全面提出他的維新救國理論，引斯賓塞說法「民之可化，至於無窮，惟不可期之以驟」，認為中國自救之道必須漸進改革，不可操之過急。還提出救國的具體方案：禁止鴉片與禁止纏足，廢除八股而提倡西學，廢止專制獨裁而實行君主立憲的議會選舉制度。

為了破除傳統觀念，嚴復發表了〈闢韓〉，對韓愈所作〈原道〉中的專制思想加以駁斥，以韓愈為箭靶，因其提出的「道統」之說，成為宋、明以來傳統知識份子根深柢固的觀念，以致君主權威日益高漲。他肯定孟子所說的「民為貴，社稷次之，君為輕」是「古今之通義」，更進一步指出中國政治文化中的反專制的民主傳統。此外，還積極提出他類似《民約論》的民主政治理論，因此激怒了主張「中學為體，西學為用」的洋務派大臣張之洞，險遭不測。自韓愈以下，嚴復是第一個敢於大膽向傳統君臣觀念及道統挑戰的人。

在〈救亡決論〉文中，嚴復深刻地指出八股取士的危害和提倡西學的重要性，並指出變法刻不容緩，「然則變何先？曰：莫亟於廢八股」，[49]進一步從「錮智慧」、「壞心術」、「滋游手」三方面痛斥科舉的毒害，然後下結論說：「然則救亡之道當如何？曰：痛除八股，而大講西學，……東海可以迴流，吾言必不可易也。」標舉出「西學」，以作為「開民智」的手段。

甲午戰爭就像一記驚雷，喚醒中國四千年的迷夢，國人覺悟到，再如此沉醉委靡下去，後果將不堪設想，而唯一能挽救這時局的，也只有變法維新一途而已。

正當康有為主導的「維新變法」如火如荼之際，嚴復卻

---

[49] 嚴復，〈救亡決論〉，《嚴復集》，第一冊，頁 53。

仍然在天津水師學堂任總辦，繼續為《國聞報》撰寫文章。嚴復始終沒有參與這次全面改革的維新運動，也沒有其他實際的政治行動。究其原因，嚴復對實際的政治行動不感興趣，且康、梁等人的主張，也與他的改革理想有些差距。早在〈原強〉發表之際，就認為以當時中國的民智，驟行「建民主，開議院」劇烈的政治改革，無異是「速其死而已」。唯有致力於「開民智」的教育改革，才足以獲得成效。

雖如此，他對於維新仍樂觀其成，為維新作宣傳工作。他除了發表大量鼓吹維新的文章外，並得到光緒皇帝的召見。且著手繕寫〈擬上皇帝萬言書〉進呈光緒，力陳法敝不變之害，後因戊戌政變而作罷。萬言書的上半篇後刊登於《國聞報》，提到變法的治標與治本，且未變法前，宜亟行三件事：一是「聯各國之歡」，二是「結百姓之心」，三是「破把持之局」等主張。孰知，「戊戌政變」在迅雷不及掩耳之下發生，戊戌六君子慘烈犧牲。嚴復雖倖免於難，但面對此悲劇，中懷激憤，不免有「兔死狐悲，物傷其類」的感慨。百日維新的失敗，對嚴復而言是相當大的挫折，自此，嚴復的思想逐漸起了轉變。

(四) 學術成就

1. 天演思想

甲午一戰，有如轟然巨響，驚醒嚴復，他在寄給長子的家書中，很痛切的反省：

> 大家不知當年打長毛、捻匪諸公，係以賊法子平賊，

> 無論不足以當西洋節制之師，即東洋得其緒餘，業已欺我有餘。中國今日之事，正坐平日學問之非，與士大夫心術之壞。由今之道，無變今之俗，雖管、葛重生，亦無能為力也。[50]

所謂冰封三尺，非一日之寒，國家淪喪至此，其來有自，於是他下定決心，撰寫政論，翻譯西書，介紹新知來喚醒國人，通過文字言論的鼓吹，來宣揚其維新改革的主張，開始步向以思想作為啟蒙工作的歷史道路。

光緒二十一年（1895）甲午戰後，為了因應維新，嚴復翻譯了英人赫胥黎（Thomas Henry Huxley,1825-1895）的《天演論》（*Evolution and Ethics*，原名《進化與倫理》）一書，這是「進化論」第一次輸入中國，因此所產生的爆發力，在中國造成石破天驚的影響。

嚴復用中國古文翻譯了英國赫胥黎的哲學巨著《進化與倫理》一書，按書中的內容取名為《天演論》，其主要的內容是有關演化中宇宙過程的自然力量與倫理過程中人的力量相互激揚、相互制約、相互依賴的根本問題。 以「物競天擇」、「適者生存」的生物進化理論，闡明「天道變化，不立故常」，「世道必進，後勝於今」，「物各爭存，宜者自立」，「保群進化，與天爭勝」等論點。實際上嚴復所傳播的進化論，內容並不是單一的，既有達爾文和赫胥黎的進化論，也有斯賓塞的進化論；既有生物和社會進化論，也有普遍進化論。達爾文的「進化論」（「物種原始論」，The Origin of

---

50 《嚴復集》，第三冊，頁 779。

Species）是針對生物的演化而提出的，是一部純自然科學的生物演化論。而斯賓塞更把此一「物競天擇」的自然演化學說應用於人類社會，舉凡政治、道德、文化、哲學、宗教等，皆可以納入其中，主張「任天為治」，一切順其自然。赫胥黎認為斯賓塞曲解了達爾文原意，主張自然和社會分開，強調以人類人定勝天、意志克己的倫理方法，可以抑制自然淘汰的壓力，而創造出異於自然規律的倫理法則。基本上嚴復傾向斯賓塞的論點，同時，更以「按語」的方式，援用斯賓塞之說，以批評赫胥黎。但為何不直接翻譯赫胥黎的著作？多位學者認為斯氏之作繁而難譯，且赫氏之書剛出版較新穎，乃啟發嚴復翻譯之動機。郭正昭則認為赫胥黎之作，是真正迎合了嚴復深切的危機意識，與當時中國時代處境的特殊需要。且純自然的淘汰理論，也與中國傳統相悖離，赫氏所提倡的倫理觀念，較切中中國文化的基本信仰。[51]

《天演論》中嶄新的觀點和語言，實開拓了中國思想界的眼界。嚴復如此大聲疾呼，是要國人明白進化公理的優勝劣敗，中國絕不能自視地大物博、歷史悠久，就不可能亡國滅種，要認清此一自然定律，全國戮力同心，奮發圖強，才能挽救自己和國家的命運。1898 年，《天演論》翻譯出版後，轟動一時，一些知識份子大表激賞。此時，維新派的康有為、梁啟超等人，還引用其諸多觀點發表變法的思想。提及當時風行的程度，胡適曾說：

---

[51] 參郭正昭，〈嚴復型危機哲學的意理結構〉，《嚴復・康有為・譚嗣同・吳敬恆》（台北：商務印書館，1999），頁 98-99。

> 在中國屢戰屢敗之後，在庚子辛丑大恥辱之後，這個「優勝劣敗，適者生存」的公式，卻是一種當頭棒喝，給了無數人一種絕大的刺激。幾年之中，這種思想像野火一樣延燒著許多少年人的心和血。[52]

《天演論》的新穎，啟發當時青年人的眼界，為遲暮衰朽的晚清，注入一股蓬勃的朝氣。

2. 翻譯巨擘

戊戌政變之後，嚴復繼續他天津水師學堂總辦職務，直到二年後，庚子拳亂發生，才倉促避居上海，開始其奔走於京、津、滬等地之間，游離不安定的生活。

由於戊戌政變的打擊，引發嚴復許多思想上的矛盾和衝突，他不願革命，也不能保皇，更因為義和團行為的愚昧無知，釀成禍端，他因此轉而專注於翻譯和著述上，企圖藉翻譯、介紹西方學術名著來教育民眾，繼續他「鼓民力、開民智、新民德」的理想，藉此使國人洞悉中西實情，為富國強國擬出對策，力挽國家亡國滅種大禍。

嚴復從 1895 到 1914 年間，先後翻譯十部書《支那教案論》、《天演論》、《原富》、《群學肄言》、《群己權界論》、《穆勒名學》上半部、《法意》、《社會通詮》、《名學淺說》、《中國教育議》等書（參照下列表格），有系統地介紹和傳播了西方政治經濟思想和邏輯學。嚴復在所譯之書中，加入大量的按語。這些按語，有些解釋說明，有些闡發己義，有些比

[52] 胡適，《四十自述》（台北：遠流出版社，1986），頁 54。

較異同，有些提出批評，態度十分嚴謹認真。這些譯作的內容，是以前聞所未聞的，故在當時造成極大的震撼。這些譯書與嚴復的思想有很大的關係，其中更可看出其思想轉變的脈絡。

書　　名	原　作　者
《支那教案論》 *Missionaries in China*	英・宓克 （A. Michie）
《天演論》 *Evolution and Ethics*	英・赫胥黎 （Thomas Henry Huxley）
《原富》 *An Inquiry into the Nature and Causes of the Wealth of Nation*	英・亞當史密斯 （Adam Smith）
《群學肄言》 *The Study of Sociology*	英・斯賓塞 （Herbert Spencer）
《群己權界論》 *On Liberty*	英・約翰穆勒 （John Stuart Mill）
《穆勒名學》 *A System of Logic*	英・約翰穆勒 （John Stuart Mill）
《法意》也譯作《論法的精神》 *Spirit of Law*	法・孟德斯鳩 （Montesquieu）
《社會通詮》 *A Short history of Politics*	英・甄克思 （Edward Jenks）
《名學淺說》 *Logic the Primer*	英・耶芳斯 （William Stanley Jevons）
《中國教育議》	衛西琴 （S.A. Westharp）

由於嚴復翻譯的西書，內容牽涉到思想的問題，在當時缺乏辭典及專門用語的情況下，因此困難重重。他翻譯十分嚴謹，曾說：「一名之立，旬月踟躕，我罪我知，是存明哲。」[53]並在《天演論》篇首特標「譯例」舉出「譯者三難：信、達、雅」，說明其翻譯的準則。「信」指翻譯要忠於原著，不可蓄意曲解或違背作者的本意；「達」指要圓滿傳達原著的內涵精神，不可堆砌無謂的詞藻；「雅」指文字要雅正大方，不能用俚俗、低陋的文字，破壞作品的格調。胡適讚美：「嚴復的英文和古中文程度都很高，他又很用心，不肯苟且，故雖用一種死文字，還能勉強做到一個『達』字。他對於譯書的用心和鄭重，真可做我們的模範。」但試觀嚴復的譯文，多艱深難懂，喜用古字僻典。梁啟超曾表不滿：

> 其文章太務淵雅，刻意摹仿先秦文體，非多讀古書之人，一翻殆難索解。[54]

嚴復辯解道：

> 不佞之所從事者，學理邃賾之書也，非以餉學童而望其受益也，吾譯正以待中國多讀古書之人。[55]

可見嚴復譯書是為了多讀古書的人。又：

> 聲之眇者不可同於眾人之耳，形之美者不可混於世俗

---

[53] 嚴復，《天演論・譯例言》，《嚴復集》，第五冊，頁 1322。
[54] 梁啟超，〈介紹新著——原富〉，《新民叢報》，第一號，光緒二十八年。
[55] 嚴復，〈與梁啟超書〉，《嚴復集》，第三冊，頁 516-517。

之目，辭之衍者不可回於庸夫之聽。非不欲其喻諸人人也，勢不可耳。[56]

嚴復強調不是刻意求雅，而是為文之道不得不如此，他不會去迎合世人的口味。可見嚴復的譯文是給有學問的人閱讀的，想藉以抬高文章的身價，不至於受鄙視，可見其用心良苦。

嚴復在翻譯史上的最大影響是他對翻譯標準的確定，儘管其翻譯標準在中國翻譯界引起沉日持久的爭議，但影響根深柢固，非同一般。尤其他開一代翻譯之風，著意介紹外國新思想等方面的貢獻，更功不可沒。

(五) 回歸傳統

1913 年，嚴復連續發表了〈思古談〉、〈「民可使由之不可使知之」講義〉、〈讀經當積極提倡〉等文章，並成立了「孔教會」，呼籲尊孔讀經，提倡忠孝節義。他說道：

我輩生為中國人民，不可荒誕蔑古，固不待深言而可知。蓋不獨教化道德，中國之所以為中國者，以經為之本原。[57]

中國的經典教化，是中國之所以為中國的根本，而中國民質國性所依賴的就是中國先聖先王的恩澤，是立國的基礎，不可偏廢。諸如此類，嚴復突然自主張西化而轉變為富於本位

[56] 同前註，頁 517。

[57] 嚴復，〈讀經當積極提倡〉，《嚴復集》，第二冊，頁 330。

文化思想的學者。

嚴復晚年與袁世凱撲朔迷離的關係，深為後世所詬病。雖然嚴復早在 1897 年創辦《國聞報》時，即與袁世凱相識。袁世凱後位居直隸總督，屢次延攬嚴復作幕客，均被嚴復婉拒，兩人因此有嫌隙。後來袁世凱不見容於載灃，被清廷撤去官職放歸田里時，嚴復還稱他為「國之棟梁」，為他抱不平。雖如此，兩人關係只是點到為止，直到辛亥革命後才轉趨密切。

民國建立，袁世凱就任大總統，重用了嚴復，而嚴復支持袁世凱，希望他是一位強而有力的人物，能穩定當時混亂的局勢。君主立憲失敗後，嚴復認為中國要邁入現代化，必須鞏固政權及團結力量，因此唯有專制政體方能奏效，早在民國未成立之前，嚴復就斷言中國的出路在於重新恢復帝制：

> 以不妄私見言之，天下仍須定於專制，不然，則秩序恢復之不能，尚何富強之可跂乎？[58]

民國建立，非但無法使國家臻於富強，反而使時局更加混亂，唯有專制，能挽救當前的亂象。嚴復給熊純如的信函中也說：

> 今日政治惟一要義，其對外能強，其對內能治，所用方法，則皆其次。[59]

---

58 《嚴復集》，第三冊，頁 603。
59 同前註，頁 646。

這句話明白宣告了嚴復對政治制度發展的基本態度，中國唯有帝制，才能尋得生路。此時的嚴復，已捨棄了當初極力宣揚的民主，轉而迫切希望有「對外能強，對內能治」的強人出現，縱目天下，唯有袁世凱得以擔當此一重大責任。因此，雖然嚴復反對袁世凱「生性好為詭謀，以鋤異已」，並非心中上上人選，但他並不反對袁世凱稱帝。當嚴復在不知情的情況下，掛名於籌安會，引起全國一片嘩然、譏諷時，也沒有立即登報聲明及辯解，實則嚴復此時心中亦充滿了矛盾。後來洪憲帝制取消了，嚴復對籌安會一事，從不加以辯解，自信「俯仰無愧怍」。籌安會事件，普遍被認做是嚴復一生最大的污點。

嚴復晚年思想轉趨保守，並回歸傳統。政治上反對共和，主張帝制；思想上也由尊法反儒，轉為尊孔讀經，革命後更頑固，這些表現在當時可以說是反潮流的。因此，多數人認為嚴復思想已逐漸倒退、落後了。何以像嚴復這麼一位早年堅持西化的人，晚年會回歸傳統？歷年學者多所研究，各有其見解，茲列數家觀之。

1. 周振甫：嚴復漸趨保守是因他的思想接近現實——國民程度的不足、急進的失當及看到西方的弱點，讓他「感到耐久無弊尚是孔子之書」。因此轉而要求中國統一、法治的根本在教育，必須先恢復先王的教化，保留中國文化，並以科學的方法淘鍊。[60]

2. 史華茲：嚴復晚年的政治保守趨向，也仍守住西方觀

[60] 參周振甫，《嚴復思想述評》（台北：中華書局，1987），頁 261-266。

念，並未回復到傳統。嚴復晚年之所以闡揚儒學，有回歸傳統的傾向，是因為達爾文主義下的西方，科學竟成了帝國主義侵略的工具，嚴復因此沈痛言：「文明科學終效，其於人類如此。故不佞今日回觀吾國聖哲教化，未必不早見及此，乃所尚與彼族不同耳。」這種見解不可用「保守」概括言之。[61]

3. 林保淳從「文化轉型」的觀點論述：嚴復晚年面對中西衝突問題，採折衷調和的方式，並沒有完全否定西方文化。嚴復「舊學可損益」一語，暗示出中西文化有兼容並蓄的可能，只是強弱的差別而已。因中國不能完全適應西方文化，因此中西有所取捨，再加上歐戰爆發，嚴復對西方文化喪失信心，終究轉向回歸傳統的道路。[62]

4. 郭正昭：嚴復型達爾文主義的矛盾，是如何把赫胥黎和斯賓塞這兩極化的學派的觀念加以整合，使其中國本土化。嚴復以法家取譬赫胥黎，以道家取譬斯賓塞從事文化統合和重建的工作，他的思想非由激進而保守，終其一生其思維模式始終守住中庸之道的儒家觀念，並沒有轉向西方傳統。他的思維模式是可以用來範例近代中國其他達爾文主義者的一種類型。[63]

嚴復邃於我國古文，又西學淹貫，他的見解主張，在我國近代史上，有著非常深遠的影響。殷海光說：

---

[61] 參史華茲，《尋求富強——嚴復與西方》（南京：江蘇人民出版社，1996），頁 56-58。

[62] 參林保淳，《嚴復——中國近代思想啟蒙者》（台北：幼獅文化事業，1992），頁 96-100。

[63] 《嚴復・康有為・譚嗣同・吳敬恆》，頁 105-106。

> 近代中國知識份子中，……真正是「學貫中西」的以嚴復為第一人。真正立身嚴正不流並用理知思考問題的以嚴復為第一人。真正能將西方典型的學術思想介紹到中國來的也以嚴復為第一人。[64]

嚴復開啟了清末民初國人對西學，特別是西洋倫理、民主與科學思潮的基本認識，對晚清社會文化的變遷和發展，影響至鉅，真不愧是中國近代思想的啟蒙者。

第三節 時代背景——攸關存亡絕續的歷史關頭

1769 年瓦特發明蒸氣機，英國發生「工業革命」，改變了全世界的步調，西方社會得以高度發展，更進而跨海東來，以經濟叩關中國，此資本主義的入侵，造成中國社會的大變動，改變傳統固有的格局。

歷史上，中國原是一個古老、純樸，以農立國的國家，和周圍民族相比，其文化的優越性不言而喻，且更以此同化異族而無比自豪。這種妄自尊大的意識存在於朝野上下，因為自西漢「罷黜百家，獨尊儒術」以後，「大一統」思想和「三綱五常」倫理規範便成為封建統治的理論核心，並被應用到中央王朝與周邊藩屬之間的關係上。在儒家君權神授「天子受命於天，天下受命於天子」的理論下，崇尚「禮樂

[64] 殷海光，《中國文化的展望》（台北：桂冠書局，1988），頁 322。

教化」的儒家士大夫看來，中國代表著天下唯一的禮樂之邦，四海縱有生民，也只不過是「蠻貊夷狄」、「獉狉之俗」而已，從來只能是「以夏變夷」。隨著時間的遞嬗，這種意識成了一種牢固的心理定勢，支配著歷代統治者的對外態度。而封建閉關的排外性政治統治，和士大夫唯我獨尊的傲氣，更強化了中國文化傳統的封閉性，助長了中國士大夫階層藐視西方文化的心理。鴉片戰爭前，清朝統治者便是如此昧於世界大勢，無知又虛驕，西學的輸入，並未在士大夫階級引起共鳴，大多數人仍沈湎於顢頇無知的偏見中，一切依然故我。

這種局面一直延續到十九世紀中期才強行改觀。這時期晚清發生了三件大事：一是一向以輸出鴉片來賺取盈利的英國政府，因不滿清政府一再查禁煙草並銷毀鴉片，於道光二十年（1840）發動第一次鴉片戰爭，憑藉著船堅砲利敲開了中國的大門；二是外國列強發動侵華戰爭後，清政府弱點暴露，威信盡失，造成反清的群眾運動風起雲湧，尤以道光三十一年（1851）的太平天國農民戰爭最為嚴重，歷時十年才終於平定，但此後各地群眾及少數民族所引發的暴動，卻此起彼落，從未間斷；三是咸豐六年（1856）又爆發了第二次鴉片戰爭，清政府與外國資本主義侵略者簽訂了「南京條約」、「天津條約」、「北京條約」等一系列割地、賠款，辱權喪國的不平等條約。內憂外患，列強不斷的侵略下，這個一向以文明古國、天朝大國自居的東亞民族國家，面臨了嚴重的解體危機。隨著各類割地賠款的條約生效，外國與中國通商日益頻繁，傳統的農業經濟制度，漸漸走上工商業社會型態，外國資本主義與中國傳統的封建主義，展開了劇烈的搏鬥。

外來侵略的步步逼近和清朝的一敗再敗，迫使更多的士大夫去認真思考民族危機日益加深的嚴峻現實。李鴻章認為當時中國所面對的是「數千年來未有之變局」和「數千年來未有之強敵」，[65]可看出當時的士大夫階級的危機憂患意識。失敗由衰弱而致，衰弱由貧窮引發，所以中國除了「求富」、「求強」，別無他途。但如何求富求強呢？大多數的知識份子都認為只有向西方學習。因此就有了「開眼看世界」、「師夷長技以制夷」、「中學為體，西學為用」，甚至是全盤西化等強國禦侮的一系列主張。西方人最令中國人欣羨的是他們的「奇技淫巧」、「聲光化電」之類的先進器物，所以向西方學習首先從「器物層面」開始。於是便掀起了以發展軍事工業，以及也有部分民用工業為主的洋務運動，以求實業和商務救國。

1895 年，中國居然挫敗於「蕞爾國」日本，洋務派的主張和努力，瞬間灰飛湮滅，當時中國風雨飄搖，岌岌可危，面臨著亡國、亡教、亡種的危機。張之洞表達了危機感：

> 今日之世變豈特春秋所未有，抑秦漢以至元明所未有也。語其禍，則共工之狂，辛有之痛，不足語也。[66]

---

[65] 李鴻章，〈籌議海防摺〉，《李文忠公選集》（台北：大通書局，1977），上冊，頁 97。

[66] 張之洞，《勸學篇・序》（《叢書集成初編》，北京：中華書局，1991），頁 3。

譚嗣同（1865-1898）也痛心疾首的說：

> 自道光以後，通商諸事，因應失宜，致釀成今日之衰弱。日本乃亞細亞之小國，偶一興兵，即割地償款，幾不能國。而德國又起而乘之，瓜分豆剖，各肆侵凌，凡有人心，其何以堪？[67]

甲午戰爭，是中國近代史上的一個轉折點。人們開始痛切的感到僅有西方科學技術、船堅砲利並不能救中國，從而開始尋找新的救國救民之路，他們開始企圖通過學習西方社會學說與政治制度來達成目標。如鄭觀應（1842-1921）曾強調說：

> 中國當此危機之時，而圖安求治，上下皆知非自強不可，而自強非變法不可。[68]

「變法」就是要求對舊有或現存秩序和制度做出改變，他們把救亡圖存作為維新變法的出發點。面對頑固派和洋務派的聯合攻擊，維新人士毫不畏懼地奔走呼號，反覆申述亡國滅種的危機，痛斥當權派的因循守舊。

家家言實務，人人談西學，「恪守祖訓」等傳統觀念遭到嚴厲的抨擊，人們開始從封建傳統思想的桎梏中掙脫出來，中國思想界出現一種朝氣蓬勃、生動活潑的氣氛。與之相應的是，近代資產階級的文化設施也相繼取代舊傳統制

---

67 蔡尚思、方行編，《譚嗣同全集》（北京：中華書局，1990）頁 397。

68 鄭觀應，《盛世危言・自強論》（收在夏東元編，《鄭觀應集》，上海：上海人民出版社，1982），頁 338。

度：近代的學校取代舊有的書院和科舉；圖書館和博物館也相繼出現；新式的報刊雜誌取代舊日的邸報、揭貼。這些社會思潮和文化設施都是晚清社會前所未有的大變革，代表著當時正不斷向著近代化邁進。

第二章

持進化觀的康有為與嚴復

李約瑟（Needham Joseph,1900-1995）曾論及中國思想對現代歐洲的最大貢獻是「自然有機體論」（Natural Organism）或「自然有機概念」（Organic Concept of Nature），指出中國傳統是以「理」和「氣」的概念，來說明自然論的宇宙觀，視整個宇宙的概念是一種有機的統一體。並指出這種「天人合一」的有機自然哲學乃是中國二千多年的哲學思辨的最高綜合，由《周易》發端，直到宋代的理學而達到高峰。[1]儒家思想「天人合一」的宇宙觀，是從人與自然相關聯的角度去看待自然，強調人與自然的統一，人類活動與自然的不可分。宇宙不只是一個自然的存在，而且是一個具有道德意義的秩序；而道德價值也不只是人意志的產物，而且是根源自宇宙秩序的「天經地義」。人類在生生不息、永恆常在的宇宙裡，可以找到正義和道德的終極價值。因此重視天人之辯是中國傳統思想的一大特色，觀念上處處以「天」為核心，而反映在「人事」上也是與「天」的對應。從社會人事、心性存養、天體自然等各視角、側面來理解「天」。

承襲東周、秦動盪時代所引發的天人矛盾衝突，董仲舒（前 179-前 104）當此紊亂之際，重新對天人關係加以評估和定位，配與「天人感應」說，提出「《春秋》之法，以人隨君，以君隨天」，[2]以人依附天的觀點在理論上確定了天的權威及天威下的皇權，並宣揚「天不變，而道亦不變」的思想，到宋明理學更建立一套「不變之天」，人對天絕對服從

---

1 李約瑟，《中國之科學與文明》（台北：臺灣商務印書館，1975），冊 2，頁 476-506。

2 董仲舒，《春秋繁露・玉杯》（台北：臺灣商務印書館，1976），頁 12。

的天理規則，在道統與天統、天道與君道合而為一的情況下，人對天命所代表的皇權只能服從。這樣的封建主義天道觀，持續的支配著封閉的中國人的心，直至清末西洋船堅砲利的壓迫之下，中國仍以「天朝大國」的架子，與「天不變，而道亦不變」、「華夷之辨」的傳統思維，去回應這種千古奇變。甲午一戰，「中學為體，西學為用」的理想灰飛煙滅，中國人意識到如果死守著「祖宗之法不可變」，就要亡國滅種，但一旦變法，終究得動搖「天統」的根基。雖「奉天承運」宗法的光環正逐漸褪去，但這千百年來「天理不易」的觀念並不可能遽然改變，也正是在這種無奈的情況下，嚴復以「物競天擇，適者生存」的天演進化觀念，否定了「天不變，道亦不變」的觀念，造成思想界的重大衝擊，從此講「進化」、「求新」成為不可遏止的潮流。先進的中國人紛紛運用進化論重建自己的宇宙觀和歷史觀，開出醫國濟世的良方，做為救亡圖存的思想工具。

第一節　康有為「以古論今」的思維改革

民族危機促使中國的知識份子急切地將所吸收到的科學新知與政治主張連結，以救亡圖存，而康有為更是迫切的將之運用於社會改革。從西方自然科學的天體、地球、生物演化的事實，以及科學儀器的使用，改變了康有為對外在事物的認知，也啟發他宇宙觀的萌生，進行其哲學體系的建構。

康有為認為，人類社會是從自然界發展而來的，天人是統一的，因此，為了求得社會問題的解決，早年就十分重視對宇宙根源的探索。因此，他結合中國傳統哲學與西方自然科學，撰著《人類公理》、《康子內外篇》、《諸天講》等書，提出不同於中國古人的宇宙觀，來闡釋哲學本體論的基本問題。天體的演化知識使他認識到「變者天下之公理也」，[3]並以此來批判傳統的宇宙觀「天不變，道亦不變」的荒謬，認為科學知識是「器」，宇宙觀則是「道」，「道尊於器，然器亦足以變道矣。」[4]既然天是變動的，「道」當然也可變。他吸攝「進化論」自然演化的事實，融入中國傳統的宇宙自然觀，並結合公羊學說理論，建構一套獨具特色的三世進化變遷的哲學，以做為日後政治改革的科學理論基礎。

一、調和心、物的「元氣說」

在傳統哲學中，宇宙的本原和構成萬物的要素是「氣」。到了近代，在傳統文化與西方近代文化的衝擊下，「氣」內涵的發展顯現出和古代不同的特色。李澤厚曾論述：

> 康有為這一代人在哲學上與中國古代哲學完全側重社

[3] 康有為，〈進呈俄羅斯大彼得變政記序〉，《康有為詩文選》（北京：人民文學出版社，1990），頁67-68。

[4] 《康先生口說》抄本，轉引自李華興，〈西學東漸與近代化中國自然觀的演進〉（收在龔書鐸編，《中國近代文化問題》，湖南：人民出版社，1988），頁71。

> 會倫理問題很不相同，他們恰好把在接受近代科學影響的自然觀做為他們哲學的基石，他們都強調從宇宙萬物的究竟來談社會人世和政治倫理。……康有為他們是繼承了中國「氣」一元論的傳統和形式，加添了他們當時所能瞭解的近代科學的新內容，而這正是當時哲學思想發展中一個重要的事實、現象和傾向，也是康有為他們哲學思想的特點。[5]

李澤厚這句話足以說明康有為的哲學進路，是由「氣」一元論為宇宙起始，漸融入西方自然科學觀點，進而論及人性、社會、政治的思路脈絡。

康有為以「元」表示世界的根本、本質和起源。他論述天地萬物的本原：

> 天地之始，《易》所謂乾元統天者也。天地陰陽四時鬼神，皆元之分轉變化，萬物資始也。[6]

認為天下萬物都是由「元」派生出來的。又在自編年譜中提到：「其道以元為體，以陰陽為用。」[7]康有為用「元」的概念來表示世界的起源，實是受《周易・彖辭》：「大哉乾元！萬物資始，乃統天」、「至哉坤元，萬物資生，乃順承天」的

---

[5] 李澤厚，〈康有為的思想研究〉，《中國近代思想史論》（台北：三民書局，1996），頁 105。

[6] 康有為，《禮運注》（收於蔣貴麟編，《康南海先生遺著彙刊》第九冊，台北：宏業書局，1976），頁 53。

[7] 康有為，《康南海自編年譜》（收在劉夢溪，《中國現代學術經典──康有為卷》，河北：河北教育出版社，1996，以下簡稱《年譜》），頁 824。

影響。[8]董仲舒也指出「一元之意，一者萬物之所從始也」、「謂一為元者，視大始」。[9]康有為著有《春秋董氏學》一書，闡發董仲舒的「微言大義」，曾指出：

> 《易》稱大哉乾元乃統天，天地之本，皆運於氣，《列子》謂天地空中之細物，《素問》謂天為大氣舉之，何休謂元者氣也，《易緯》謂太初為氣之始。[10]

他所認為的「元」，就是氣，代表著世界的起源，而宇宙之所以發生作用，正是「氣」的作用，因此「蓋盈天下皆氣而已」。[11]

承自古代哲學的氣本論傳統，康有為堅持物質性的「元」或「氣」是第一性的東西，把氣推崇為宇宙間唯一真實的存在，是世界萬物的本原。在中國傳統哲學中，「氣」一向是被以物質或物質性來掌握的，「理」、「氣」之先後，是中國傳統哲學中「精神先於自然」或是「自然是根本」兩種觀點的論爭。康有為繼承氣本論的堅持，批評「朱子以理在氣之前，其說非」，認為「凡物皆始於氣，有氣然後有理，生人生物者氣也。」[12]又：

---

[8] 見〈乾卦、坤卦彖辭〉，《周易》。（胡樸安，《周易古史觀》，台北：明文書局，1989，頁 1、5。）

[9] 班固，《漢書・董仲舒傳》（《四史》，台北：藝文印書館，1955），冊 6，頁 1165。

[10] 康有為，《春秋董氏學》（收在劉夢溪編，《中國現代學術經典——康有為卷》，河北：河北教育出版社，1996），卷六上，頁 221。

[11] 康有為，《孟子微・性命第二》（收於蔣貴麟編，《康南海先生遺著彙刊》第五冊，台北：宏業書局，1976），頁 165。

[12] 康有為，《萬木草堂口說》（北京：中華書局，1988），頁 65。

> 以權勢者，天也，氣也。……勢生道，道生理，理生禮。勢者，道之父而禮之曾祖父也。[13]

上論指出勢即氣，道由它而生，理則是產生於道的具體規律。因此康有為所指的「道」是從屬於物質存在的，持物質第一性的觀點。與「理」、「氣」先後問題相關的議題，尚有「無極」、「太極」的論爭，「太極」是物質，「無極」是精神，康有為否定「理在氣先」，因此否認無極的存在。由此可知，康有為宇宙自然觀的特色在於直接擺脫宋明理學的先驗之理的存在，肯定外在自然界的「實有」，使自然界的經驗觀察成為可能，「氣」得以擺脫「理」的束縛而重新定位。

在「氣怎樣成為世界本原」或「為什麼成為宇宙」的論題上，康有為更結合近代西方自然科學論點。根據康德・拉普拉斯的「星雲說」，[14]康有為指出在天地之始，各天體創成以前，是「分子互相引集，是謂星雲」，充塞宇宙的只是朦朦朧朧的瓦斯體。宇宙間一切物質和現象皆源於氣，氣的摩擦還導致熱力、吸拒之力、光、電和原質等物理化學元素產生。又說：

> 天地之理，陰陽而已。其發為氣，陽為濕熱，陰為乾冷。[15]

---

13 《春秋董氏學》，卷六下，頁 263。

14 康德・拉普拉斯星雲說（Kant-Laplace: Nebular Hypothesis）。康德（Immanuel Kant，1724-1804）德國哲學家，於 1755 年發表此說。拉普拉斯（Pierre Simon Laplace，1749-1827）法國哲學家，於 1769 年發表此說。

15 康有為，《康子內外篇・濕熱篇》（北京：中華書局，1988），頁 17。

此思辨之氣，已是可以客觀進行分析、考察，具有物理性質的實證科學之氣了。氣已非傳統哲學中的氤氳相感之氣，而是近代物理學中的「原質」，具有熱力和重力這兩種最基本的活動要素，並且以光波和電波的運動形式變化，不斷的組合、分解，從而產生宇宙萬物及其運動變化。

在中國古典哲學中常認為人類意識精神是獨立於肉體之外的一種「精氣」物質，康有為承繼此一說法，且賦予西方自然科學知識，試圖用自然現象說明精神現象。康有為認為「氣」略同「電氣」，更進一步指出：

> 夫神者，知氣也，魂知也，精爽也，靈明也，明德也，數者異名而同實。[16]

這物質的「電」，竟等同於「精爽」、「靈明」等精神註解。康有為認為電就是精神，精神就是電，兩者是同一東西。

在孟子學說和陸王心學的影響下，康有為還引用了電、力、以太等西方自然科學的新概念來論證仁和不忍人之心的相互溝通和感化。[17]康有為宣稱：

---

[16] 康有為，《大同書・甲部》(收在錢鍾書編，《康有為大同論二種》，香港：三聯書店，1998)，頁 49。

[17] 「以太」(ether) 一詞，本是古代天文學名詞。亞里斯多德認為地上的東西是由土、氣、火、水四種元素構成。而天體（太陽、月球、行星、恒星）無休止地循複雜的圓形軌道運動，是由另外第五種元素「以太」所構成。「以太」不同於地上的物質，除了在運動中的位置改變外，它的地位是超然、完美、永恆不變的。19 世紀的物理學家由於牛頓力學的成功，許多科學家都相信牛頓力學以足以解釋一切。但這樣的「力」是通過什麼來傳遞？物理學家們因此假設宇宙間充滿一種很稀薄的物質，天體或其他物體間的作用都靠它為媒介，笛卡兒因而借用亞里斯多德之天文學名詞，就叫它「以太」，此物質托著地球，維持地球的位置。有關引

> 不忍人之心，仁也、電也、以太也，人人皆有之，故謂人性皆善。……不忍人之心，仁心也；不忍人之政，仁政也，雖有內外體用之殊，其為道則一。[18]

指出仁和不忍人之心與以太、電、力是相同的，在本質上是同一個東西。實際上「仁」和「不忍人之心」，非客觀存在，具體來說，仁和不忍人之心所代表的是一種人類精神，即人人同具仁愛和惻隱之心。康有為否定了主觀、客觀的差別，還強調「物我一體」、「天人同氣，無內外之分」，[19]於是主觀精神吞沒客觀物質世界，陷於心物二元的尷尬地位。

在康有為看來仁和不忍人之心實為「萬化之海，為一切根，為一切源」。[20]康有為宣稱：

> 元為萬物之本，人與天同本於元，猶波濤與漚同起於海，人與天實同起也。[21]

這裡的「人」實指意識、精神，「天」指的是物質世界。元氣是人和天地萬物的本原，元氣顯現於人，便是人性和人心，這個人性和人心便是人人同具的仁和不忍人之心。因此

力、電磁波、電力等許多介質傳遞的難題，便因此迎刃而解。「以太」成了 19 世紀中期物理學家們最溫柔的褓母，成了他們可以依賴的上帝。如今這學說已經被否定。（參引自梁衡，《數理化通俗演義》，新竹：理藝出版社，1995，頁 159-161。）

18 《孟子微・總論第一》，頁 108。

19 「物我一體，無彼此之界；天人同氣，無內外之分。……物即己而己即物，天即人而人即天。」（詳《中庸注》，頁 62。）

20 《孟子微・總論第一》，頁 108。

21 《春秋董氏學》，卷六上，頁 221。

人世間乃至於宇宙間的一切都派生於不忍人之心，仁和不忍人之心才是宇宙的支配力量。梁啟超也指出康有為論理的特色：

> 是以「仁」為唯一宗旨，世界之所以成立，眾生之所以生，家國之所以存，禮義之所以起，無一不本於仁。[22]

被認為是構成宇宙萬物本體的「元氣」，最後竟變成主觀的「仁」、「不忍人之心」了。

康有為承繼中國古代氣一元論的哲學傳統，提出元氣為萬物之本，氣化起造天地的思想，但他未沿襲舊說，而是以近代科學的一些物理化學性質充實了氣範疇的內涵，但其中有不少主觀的臆斷因素，指出仁和不忍人之心與以太、電、力是相同的。康有為肯定外在自然界的一個真實存在，並加以延伸，以「仁」代表生命的發揚，宇宙的生生不息，這是一種仁義陰陽氣化的宇宙觀，可見康有為並非以西方科學的宇宙觀取代傳統的觀點，而是加以合而為一，以其獨創的宇宙觀批判「天不變，道亦不變」的傳統觀念。

二、打破歷史循環論的「三世進化」論

進化論做為一種世界觀和方法論，被系統地介紹到中國，嚴復功不可沒。進化論之所以能風靡一時，除源自於當

---

[22] 梁啟超，《南海康先生傳》（收在《飲冰室文集之六》，台北：中華書局，1972），頁 71。

時盛行之公羊學說本身就深具變遷論點外，也適應了當時知識份子的危機意識和對變革的期待。在這股風潮下，康有為基於由氣構成宇宙萬物的論點，將西方傳入的生物進化論變形改造為一般的宇宙觀，更進一步藉進化論闡釋「公羊三世」說，不論是天演還是人演，把自然界和人類社會描繪為一個不斷演變、遞嬗的有機序列。康有為匠心獨運，試圖融合進化論和傳統中國的自然觀，建立變遷發展的歷史哲學，並將之運用於社會改革中，透過維新變法，實現救國理想。肯定自然和社會的進化變遷，是整個近代中國哲學思想的特色。康有為得自進化論的靈感，以「全變」觀點改造傳統的變易思想，並揉合公羊傳中「三統說」、「三世說」的理論，建構出公羊的三世進化觀。

(一) 走出傳統變易思想

中國傳統哲學講變易，《易傳》中便提到「窮則變，變則通，通則久」的思想，[23]清代今文經學無不引證此一法則，以論證自然界和政制人事的變易性。當時外強叩關，龔自珍（1792-1841）、魏源（1794-1857）、馮桂芬（1809-1874）、王韜（1828-1897）和鄭觀應（1842-1922）等人便以變易思想做為社會改革的主要思想基礎，但都只是一種「變易」的循環歷史觀。古代「變易」思想沒有進化觀念，只是一種周而復始的循環論。董仲舒從「變易」中引申出「更化」、「改制」，目的是要漢代「更化」周朝以來的等級制

[23] 《周易・繫辭下》(《十三經注疏》，台北：新文豐出版公司，2001)，冊1，頁615。

度，但三綱五常封建制度是不變的。[24]這樣持歷史倒退論和循環論觀點的「更化」、「改制」，為的是維護「道之大原出於天，天不變，道亦不變」的封建之道。

「變易」本是儒家傳統的經學理論，康有為早年也接受變易思想，並賦予不同於舊說的新特點。在光緒十四年（1888 年）第一次上書時，就引證《易傳》「窮則變，變則通」的言論。光緒二十一年（1895 年）撰寫的《朝考卷》主題便是「變則通，通則久論」，指出孔子作六經，《易》是變易之書，《春秋》是改制之書，二者結合是完備的天人之道，認為「孔子作《易》，至變而極」。[25]康有為又曾寫道：

> 康子深思天人之故，嘆曰：嗚呼！《易》其至矣，《易》始於乾坤，中於咸恆，終於既濟未濟，《易》其深於理矣。[26]

道出他對自然和人類社會一番省察後，體會出《易》中深奧無窮之理。並認為中國社會是千年一大變，百年一中變，十年一小變，若只守常而不知變，則是違背了天人之道的規律，當變不變，必有大害。康有為指出：

> 蓋變者，天道也。天不能有晝而無夜，有寒而無暑，天以善變而能久；火山流金，滄海成田，歷陽成湖，地以善變而能久；人自童幼而壯老，形體顏色氣貌，

---

[24] 見馬洪林，《康有為評傳》（南京：南京大學出版社，2000），頁 161。

[25] 康有為，《萬木草堂口說》（收在樓宇烈編，《長興學記、桂學答問、萬木草堂口說》合刊本，北京：中華書局，1988），頁 84。

[26] 《康子內外篇・未濟篇》，頁 6。

> 無一不變，無刻不變。[27]

這說明「變」的本身就是天道，天地萬物無時不在發展變化，也唯有變，方能久，天地人物得以延續。變的本質則是：

> 夫物新則壯，舊則老；新則鮮，舊則腐；新則活，舊則板；新則通，舊則滯，物之理也。[28]

這論點反映了「新生必定戰勝腐朽」是宇宙通行的真理，社會法制當然不例外。既然變是天道，順天變易則存，逆天不變則亡，康有為基於此更高呼：

> 一姓不自變，人將順天待變之，而一姓亡矣；一姓能順天，時時自變，則一姓雖萬世存可也。[29]

上語凸顯出君主「自變」的迫切性，因為若固守舊法，將無以禦西夷數十國的相迫。然而「全變則強，小變仍亡」，「觀萬國之勢，能變則全」，[30]「全變」才是救國之方。這裡康有為所指出的「全變」也就是質變，「國體」、「政體」之變，要改變的即是幾千年來的君主專制制度。

---

[27] 康有為，〈進呈俄羅斯大彼得變政記序〉（收在湯志鈞，《康有為政論集》，北京：中華書局，1998，以下簡稱《政論集》），頁 225。

[28] 康有為，〈上清帝第六書〉，《政論集》，頁 211。

[29] 康有為，〈進呈俄羅斯大彼得變政記序〉，《政論集》，頁 225。

[30] 康有為，〈上清帝第一書〉，《政論集》，頁 52。

1. 何謂「三統」、「三世」說？

(1)《公羊》「三統」說

「三統」之說首見於董仲舒。公羊學本是中國古代經學研究史上的一種學術見解，自西漢董仲舒開始多所發揮，輔以「受命改制」、「五行生剋」及「符讖災異」諸說，用來解釋傳統「窮變通久」的歷史變化，因此有所謂「三統」的更替。因此西漢公羊學實扮演著當時學術及政治上的重要角色，以「三統」為思想核心，圖鞏固中央政權。其說實自董仲舒始，董仲舒曾論：

> 故春秋應天作新王之事，時正黑統，王魯尚黑，絀夏親周故宋。

指出新王朝建立新制之後，應以前二朝周、殷為二統，做為借鑑及參考。「三統」意指每朝代都有一個「統」，且受制於天，王朝若違背天命，新王朝則承應天命，取而代之，並且「改正朔，易服色」。董仲舒又以「文質」論「三統」，指出「王者以制，一商一夏，一質一文」，又「承周文而返之質」，[31]以「文」、「質」的交嬗來概括綿延不盡的「三統」。「三統」這種朝代的更迭，公羊學中視為「黑統」、「白統」、「赤統」三個「統」的循環。以夏、商、周三代為例，便分屬「黑統」、「白統」、「赤統」，也就是說這三代的制度，並非一成不變，而是因革損益，因時制宜，並不承認萬世一系

---

[31] 董仲舒，《春秋繁露・三代改制質文》，頁 105-113。

的天帝體制。公羊學這種「文質交嬗」朝代終始的主張，結合因革損益的「三統」說就變成了一種歷史循環論。

(2)「三世」說

《春秋》中本無「三世」之說。「三世」最初是公羊高對孔子所著《春秋經》的「所見異辭，所聞異辭，所傳聞異辭」解說。西漢董仲舒撰寫《春秋繁露》、東漢何休撰《春秋公羊解詁》，又對《公羊傳》加以闡釋與發揚而成。試述如下：

甲、《公羊》「三世」說

公羊高解釋《春秋》記載「公子益師卒」為「何以不日？遠也。所見異辭，所聞異辭，所傳聞異辭」。[32]意思為孔子作《春秋》，因為時代之遠近、恩之厚薄、義之深淺的差異，而記載方式便因此有所不同，此即所謂以「異辭」的筆法，寓褒貶之深意。「所見」即孔子親身所見，因此記錄較詳細；「所聞」是從父輩聽來的，比較遠；「所傳聞」則年代更遙遠，因此記錄簡略。公羊高提出的「所見」、「所聞」、「所傳聞」並不是劃分歷史時代的標準，而是指作者受限於時空，時代遠近，見聞有廣狹，記載的文辭不同。到了董仲舒更加以發展，將《春秋》記載的歷史分為三個階段：哀、定、昭時共 61 年，是孔子及其父親所見，即「所見世」；襄、成、宣、文時共 85 年，是孔子祖父時代的事，是孔子

---

[32] 詳見《春秋公羊傳何氏解詁・隱公元年》（台北：中華書局，1980），卷一，頁 7。《春秋公羊傳何氏解詁・桓公二年》，卷四，頁 3。《春秋公羊傳何氏解詁・哀公十四年》，卷二十八，頁 5-6。

聽說得來，叫「所聞世」；潛、釐、莊、桓、隱時共 94 年，是孔子的高祖、曾祖時代的事情，輾轉傳至孔子，因此稱為「所傳聞世」。董仲舒把「所見」、「所聞」、「所傳聞」劃分為歷史階段的概念，後衍為公羊學派思想家的歷史觀。

乙、何休「三世」說

東漢何休所撰《春秋公羊傳解詁》中，更進一步將「三世」說「所見」、「所聞」、「所傳聞」的概念加以引申轉而運用到空間來，提出「據亂世」、「升平世」、「太平世」的說法。何休將「所見、所聞、所傳聞」的三世與「內外」[33]結合，從而描述出魯國的歷史：由「所傳聞」世，處於亂世之中，諸侯割據，華夏尚未統一，各諸侯只能「內其國外諸夏」；到「所聞」世，實現升平，諸侯割據結束，華夏統一，於是「內諸夏而外夷狄」；最後到了「所見」世，進入太平世，天下大一統，「夷狄進至於爵，遠近大小若一」，因此何休推斷出「所傳聞之世」為「衰亂」，「所聞之世」為「升平」，「所見之世」為「太平」。[34]何休對這一短暫歷史的解釋，所指明即是由近及遠的撥亂起治，人類的歷史是變化發展的，係以本國為中心，逐步由近而遠，治化擴至周遭「四夷」地區。「三世」說，就時間上談，治化發展是由野蠻向文明、低級向高級逐漸推進；就空間上談，是「自近及

---

[33] 「內外」是指在撥亂起治的過程中應該「自內而外」、「由近及遠」。（詳孫春在，《清末的公羊思想》，台北：臺灣商務印書館，1985，頁 61。）

[34] 「於所傳聞之世，見治起於衰亂之中，用心麤觕，故內其國而外諸夏，先詳內而後治外。……於所聞之世，見治升平，內諸夏而外夷狄。……至所見之世，著治太平，夷狄進至於爵，天下遠近小大若一，用心尤深而詳。（見《春秋公羊傳何氏解詁・隱公元年》，卷一，頁 7-8。）

遠」，治區範圍是逐漸增大。何休這種針對魯國治化歷程，以「撥亂起治」、「由內及外」加以詮釋的「三世說」，實隱含了社會「進化」的觀念。除此之外，何休還為公羊學添增了新的內容，把孔子神化，注入「孔子為後世制作」的概念，稱：

> 孔子仰推天命，俯察時變，卻觀未來，豫解無窮。知漢當繼大亂之后，故作撥亂之法以授之。[35]

這樣的概念正好提供康有為托古改制的理論基礎，以利變法圖強。

丙、龔自珍、魏源「三世」說

清代中葉，面對逐漸轉變的政經局面，知識份子在公羊學孔子的「微言」中，探求出足以解決現實政治問題的「大義」，因此「今文經學」再起且蓬勃發展。鴉片戰爭前後，龔自珍、魏源等人為了因應國家危機，便援引公羊「三世」思想來分析當時的國家形勢，譏評時政。他們以《周易》中關於「變易」的觀念為依據，與「三世」說結合起來並加以改造，提出他們變法更制的主張。他們主張變革的哲學基礎，就是變易的歷史觀，指出「變」是古今通行不悖的必然趨勢。龔自珍說：

> 自古及今，法無不改，勢無不積，事例無不變遷，風氣無不移易。[36]

---

35 《春秋公羊傳何氏解詁・哀公十四年》，卷二十八，頁 7。

36 龔自珍，〈上大學士書〉，《龔自珍全集》（北京：中華書局，1959），頁 316。

認為從古到今，國家法治、風俗人倫、社會思潮，都隨時不斷變化，只有不斷變法革新，封建制度才能長治久安。魏源也指出人類社會發展並不是古勝於今的，「後世之事，勝於三代」，[37]上古三代並非不可企及的人類盛世。因此他主張：

> 天下無數百年不弊之法，無窮極不變之法，無不除弊而能興利之法，無不簡易而能變通之法。[38]

指出變法就是合乎時勢的必然選擇。龔魏兩人皆肯定歷史是不斷發展前進的，但他們的歷史觀，深受公羊三世說的影響，只是一種「變易」的循環歷史觀。

清代公羊學的重點原在攸關滿族政權統治的「內外」問題與「三王之道若循環」的「三統」說，「三世」附麗於其下，只是「撥亂起治」的功能，並未被強調。龔自珍開始發皇公羊學，從「內外」義漸漸轉向「張三世」，三世被大加發揮。龔自珍將「三世」結合「三統」，分古史為「帝統」、「王統」、「霸統」，又把「三世」解釋為與之相配合的「治世」、「衰世」、「亂世」，這樣的三世說隱含著「世愈古愈治，愈近愈亂」的歷史退化觀。龔自珍還提出「古人之世，倏而為今之世；今人之世，倏而為後之世；旋轉簸盪而不已」階段式的三世之變，並指出「通古今可以為三世」、「萬物之數括於三」，凡一切物理、人事之變化都有初、中、終三個階段，這三變化「初異中，中異終，終不異初」，「萬物

[37] 魏源，《默觚下・治篇九》，《魏源集》（北京：中華書局，1983），頁60。

[38] 〈籌鹾篇〉，《魏源集》，頁432。

一而立，再而反，三而如初」，[39]每一變化階段皆是對前一階段的否定。龔自珍從周而復始講歷史發展，指出「萬億年不夷之道」，陷入了循環論，雖沒有明確提出進化發展的觀點，但卻指出三世之間以變革、變化相銜接的論點。到了魏源則提出「三世」是「太古」、「中古」、「末世」，並用這個模式來解釋中國歷史的發展是由於「氣運」的推動，而氣運「有昌」、「有衰」，在「不變之道」中互為交替，「變」而「復返其初」，隱約指出一種歷史循環模式。雖如此，魏源卻倡論「後世之事，勝於三代」，[40]指出社會制度從古至今都是不斷變化，並清晰的提出了變法的主張。龔魏的三世說，承認了社會的變化發展，然而，他們所認為的這種「變」，卻是沿著一種封閉式的圓圈的「變」，因而他們不能衝破封建制度的藩籬，無法進入進化論的思想範疇。

2. 康有為與進化論

公羊高所謂的三世「所傳聞世」、「所聞世」、「所見世」，只是解釋孔子作《春秋》之述義之不同，並無進化之意。且從魯史中可發現越往後的歷史實為更「動亂」，而後代解經的公羊家卻指出其中的春秋大義實則是越往後則越「治化」，因此，清中葉以後，「三世」思想日益受到重視，在和西方接觸之後，「三世」所詮釋的對象不再囿於中國，孔子改制，為萬世立法，可以包容現屬「諸夏」各國，中國學習西學西政便有了典籍根據，因此，「三世」成為最能適

---

39 以上引言分見《龔自珍全集》，頁 193、128、48、16。

40 魏源，《古微堂內集》（台北：文海出版社，1969），頁 29。

應當時政經局勢的改革利器。康有為便是以「三世」隱含的進化思想，結合當時盛行的「進化論」，建構了他「三世進化」的歷史哲學。

康有為早年對進化論已有相當的瞭解，主要是關於地質古生物學的進化思想和天文學天體演化等知識。1873 年，江南製造局翻譯館出版《地學淺釋》，已系統地介紹自然進化觀點。1874 年《萬國公報》第 301 卷開始連載《格物探源》，介紹生物進化學說。1877 年《格致匯編》發表〈混沌說〉一文，介紹生物由簡單到複雜的發展，還談到「猿化為人」的觀點。[41]康有為已從這些書籍報刊看到「進化」的詞彙，獲得了進化的知識。雖然，康有為何時開始接受進化思想尚難確定，但至遲在 1879 年遊香港時，他極可能接觸這方面書籍，因此寫有詩作「世界開新逢進化，賢師受道愧傳薪」一句，[42]當時康有為便開始萌生自己的進化史觀了。早年所作「康子內外篇」也提及一些進化思想：

> 天地之理，陰陽而已。其發為氣，陽為濕熱，陰為乾冷。濕熱則生發，乾冷則枯槁，二者循環相乘，無有終極也。……天得濕熱之氣，乃生諸日，日得濕熱之氣，乃生諸地，地得濕熱之氣，蒸鬱而草木生焉，而禽獸生焉，已而人類生焉。[43]

---

41 引自《康有為評傳》，頁 175。

42 康有為，〈蘇村臥病寫懷〉（收於蔣貴麟編，《康南海先生遺著彙刊》第二十冊，台北：宏業書局，1976），頁 40。

43 《康子內外篇・濕熱篇》，頁 17。

提出了宇宙中之天、地、萬物都在不斷的演進變化。也曾提到人類的進化「人自猿猴變出」。[44]梁啟超提到《天演論》一書時曾說：「書中之言，啟超等昔嘗有聞於南海而未盡」，[45]可知康有為早已對弟子講過進化的理論，只是不及《天演論》詳盡而已。雖然康有為接觸進化論學說是多管道的，但對其影響最大的的還是嚴復的《天演論》。康有為曾讚美嚴復「譯《天演論》為中國西學第一者也。」[46]梁啟超寫給嚴復的書信中也提到「南海先生讀大著後，亦謂眼中未見此等人」，康有為對嚴復「傾佩至不可言喻」，可見《天演論》對康有為影響深巨。[47]

早期康有為講變易、講進化，但未納入公羊學「三世」思想，直到 1888 年康有為入京應試，第一次上書請求變法未達，在廣州受到今文經學大家廖平的啟發，認為欲救中國，必須因中國人的歷史習慣而利導之。[48]因此抱著「傳經只有一公羊」的信念，[49]吸收龔自珍、魏源「三世」變易史觀，和西方的進化論學說對「公羊三世」說加以改造發展，構建出一種社會歷史潮流不斷新陳代謝不斷向前發展的歷史進化論。

---

[44] 《年譜》，「光緒十六年庚寅三十三歲」，頁 831。

[45] 梁啟超，〈與嚴幼陵先生書〉（收在《飲冰室文集》，台北：中華書局，1972），卷一，頁 110。

[46] 康有為，〈與張之洞書〉（收於蔣貴麟編，《康南海先生遺著彙刊》第十九冊，台北：宏業書局，1976），頁 34。

[47] 〈與嚴幼陵先生書〉（收在《飲冰室文集》），頁 110。

[48] 詳見湯志鈞，《康有為傳》（台北：臺灣商務印書館，1998），頁 45-46。

[49] 康有為，〈示諸子詩〉，《康南海先生詩集》（收於蔣貴麟編，《康南海先生遺著彙刊》第二十冊，台北：宏業書局，1976），卷之三，頁 6。

(二)康有為的「三世進化」主張

康有為認為今文經中的變易思想，有助於論證改革，但仍存在某些不足，因此結合自然進化論，對之重新詮釋。今古文之爭由來已久，但從三世說推演出一套歷史必發展的法則，並依此來改革現狀，康有為是第一人。梁啟超曾就此分析說：

> 近人祖述何休以治《公羊》者，若劉逢祿、龔自珍、陳立輩，皆言改制，而有為之說，實與彼異。有為所謂改制者，則一種政治革命、社會改造意味也，故喜言通三統。三統者，為夏、商、周三代不同，當隨時因革也。喜言張三世，三世者，謂據亂世、升平世、太平世，愈改而愈進也。有為政治上變法維新之主張，實本於此。[50]

指出康有為的論點是出自於維新變法的需要，因此其「通三統」、「張三世」主張和儒家傳統說法不同，「三統」說的實質意義是強調「因革損益」、「因時制宜」的變革理論；「三世」說的本質則是歷史進化論。為了給變法維新提供哲學依據，康有為把中國古代的變易思想和從西方傳來的進化論加以結合，提出他的「公羊三世」進化史觀，這可說是康有為思想體系的核心。試分論之：

---

[50] 梁啟超，《清代學術概論》（收在梁啟超，《中國近三百年學術史》，台北：里仁書局，2000），頁68。

1. 比附君主專制、君主立憲、民主制度的「三世說」

康有為依據中國古代元氣論，認為元氣為天地萬物的本原，人也同樣源於「元氣」，是物質進化的產物。談到人進化的歷程，康有為指出在「草昧初開」的上古之時，「人與獸爭」，在這場人獸的「生存競爭」中，人類以「智」獲得勝利，「此後人道大強，獸類將滅」。後來到了中古時期，「人與人爭地」，獲勝的關鍵則在於「文明」與否，「文明之國則併野蠻」，這就是所謂的「優勝劣敗」的原理。

既然宇宙、自然界等一切事物處於不斷變化的狀態，人類社會也是如此，社會政治制度不會一成不變。宇宙發展是一個由低級向高級的進化過程，同樣，人類社會也是不斷進化的過程。康有為端出孔子之見：

> 孔子道主進化，不主泥古，道主維新，不主守舊，時時進化，故時時維新。[51]

孔子是反對泥古守舊，主張進化維新的。在此前提之下，康有為認為「孔子之聖意，改制之大義，《公羊》所得微言之第一義。」[52]孔子「托古改制」的「微言大義」就是所謂的《春秋》公羊三世說。他指出：

> 《春秋》要旨分三科，據亂世、升平世、太平世，以

---

51 《孟子微・仁政第九》，頁 243。

52 康有為，《孔子改制考》（收在劉夢溪編，《中國現代學術經典——康有為卷》，河北：河北教育出版社，1996），卷十二，頁 609。

> 為進化，《公羊》最明。[53]

《公羊》家三世說，最能彰顯孔子《春秋》經中的進化之義。康有為進一步指出：

> 蓋《春秋》有三世進化之義，為孔子聖意之所寄，孔子之所以賢於堯舜，功冠生民者，在是。[54]

康有為認為孔子作《春秋》是在闡揚三世進化，三世進化是孔子的思想精髓，也是對後世最大的貢獻。據此他認為歷史社會發展有三個階段：據亂世、升平世、太平世，人類便沿著這三世遞嬗而進，日進而盛。

康有為在「三世進化的實質是社會制度的更迭」論題下，更把三世說同當時世界上並存的三種政治制度，即君主專制、君主立憲制和民主制度聯繫起來。康有為說：

> 若其因時選革，或民主，或君主，或君民共主，迭為變遷，皆必有之義，而不能少者也。即如今之大地中，三法並存，大約據亂世尚君主，升平世尚君民共主，太平世尚民主矣。[55]

上論指出三種社會制度皆有其存在的理由，且由君主專制向君主立憲、民主制度進化更是必然的過程。康有為把「據亂世」比附為專制封建社會；「升平世」比附為君主立憲社會；「太平世」則比附為民主共和社會。康有為認為從君主

---

[53] 《孟子微・總論第一》，頁 130。

[54] 《孟子微・總論第一》，頁 142。

[55] 《孟子微・同民第十》，頁 274-275。

專制（據亂世）到君主立憲（升平世）到民主共和（太平世），這三世說，不論是就政體的進化或是社會文化的進化，都是放諸四海皆準的公式。康有為認為中西的差異，只是處在不同的「據亂」、「升平」、「太平」階段，而歷史必然要依一定的規律和順序向前發展。東漢公羊家何休雖然也講了「三世」和「衰亂」、「升平」、「太平」，但他所謂「三世」，時間上只停留在春秋時期，空間上只侷限於中國本土內，並未跨出中國界線。而康有為的三世說則是貫穿歷史、囊括全世界。

2. 結合小康與大同思想的「大同三世說」

既然進化是必然的過程，是人類歷史發展的普遍規律，因此康有為認為進化的結果必然是「太平」。梁啟超嘗言：

> 先生於是推進化之運，以為必有極樂世界在於他日，而思想所極，遂衍為大同學說。[56]

指出康有為認為人類只要循著據亂世、升平世、太平世的軌道向前進化，最後必會進入極樂世界。〈禮運〉的大同思想正好為康有為提供了一個現成的、具有中國傳統思想特色的「太平世」架構，康有為基於此衍為公羊三世說與《禮記》中小康和大同思想的結合，提出他的「大同三世說」。他指出：

---

[56] 梁啟超，〈南海康先生傳〉（收在《飲冰室文集之六》，台北：中華書局，1972），頁 74。

> 「三世」為孔子之非常大義，托之《春秋》以明之。所傳聞世為據亂，所聞世托升平，所見世托太平。亂世者，文教未明也。升平者，漸有文教，小康也。太平者，大同之世，遠近大小如一，文教全備也。……此為《春秋》第一大義。[57]

由公羊三世說的微言大義，康有為構建了理想世界藍圖。由以上思路脈絡，可知康有為將《公羊》的「升平世」說成是〈禮運〉的「小康」，施行「君主立憲制」；《公羊》的「太平世」說成是〈禮運〉的「大同」，施行「民主共和制」。康有為所構築的「太平世」，即是人類最高理想的「大同」世界，是一個人人平等，物質文明和精神文明都高度發展的極樂世界。

提出了「三世」主張後，康有為同其他的公羊家一樣，將當時所處的時代界定為「升平世」，康有為指出「孔子自有平世之義，……若盡以據亂舊道繩人，則時義事勢不能行。」[58]如果將當時的中國說成「據亂世」，顯然全盤否定清朝政府，因此既不能把當時的中國說成是「太平世」，也不能定位在「據亂世」，採用「升平世」成為唯一的選擇。但變法失敗，流亡海外後，康有為改變了中國處於「升平世」的主張，轉而以「據亂世」代替。康有為指出為何自東漢以來兩千年的時間一直處於「篤守據亂之法以治天下」的亂世，並非小康，康有為歸咎於「始誤於荀學之拘陋，中亂於

---

57 《春秋董氏學》，卷二，頁 137。

58 〈請尊孔聖為國教，立教部教會，以孔子紀年而廢淫祀摺〉，《政論集》，頁 282。

劉歆之偽謬，末割於朱子之偏安。」因此處於「亂世」的中國，必須變法維新才能進入君主立憲的「升平世」，再漸進至於民主共和的「太平世」，若不變法，便是違反進化的規律。這樣的「公羊三世說」提供了康有為變法活動的合理性和理論基礎。

學者在利用「三世」理論論辯時，發現三世說無法涵蓋、詮釋萬事萬物，在解釋中西所處之世時更難以調和、自圓其說，因此，將「三世」繁複化在運用上將更具彈性空間，「三世」理論的發展早在龔自珍、廖平就有「繁複化」的現象。康有為則提出：

> 一世之中有三世，故可推為九世，又可推為八十一世，以至於無窮。[59]

上論指出同一進化階段中，有三地點同時在因時進化。康有為更明白闡述：以「古今之世」、「大地之世」言之，同時「有據亂、升平、太平之殊」，同世之中，各地正因時進化。此一說源於《中庸》「王天下有三重焉」，康有為註解為「孔子世為天下所歸往者，有三重之道焉。」而所謂「三重」之道，就是「三世可以無限地重疊而累加，「展轉三重，可至無量數，以待世運之變，而為進化之法，此孔子制作所以大也。」[60]孔子的「三重」之道實際上就是一種變通之道，「三世」如此「繁複化」後，就可以將同一時間而不同空間中的各民族、人種，都納入「三世」之中。每個民族都能在「三

59 《孟子微‧總論第一》，頁 113。
60 《中庸注》，頁 75。

世」的系統中，找到自己的定位，並依循著「據亂——升平——太平」的順序，因時進化。這樣的主張證明了孔子「三世之制」，是可以因應複雜的環境，而且用如此的結構便容易說明同處於「升平世」的中國和西方有何不同，學習西方便沒有任何優劣、進退化的顧慮。

3. 「仁」為三世進化之原理

不同於達爾文的「優勝劣敗」、「物競天擇」的進化之理，康有為提出「仁」才是社會發展的動力、人類進化的原理。

進化論的引進，喚起了不少中國人的覺悟，但康有為體認到弱肉強食並非人類社會的普遍規律。他指出達爾文創天演之說，「導人以競爭為大義，於是競爭為古今世界公共之至惡者，遂揭日月而行，賢者皆奉之而不恥，於是全地莽莽，皆為鐵血，此其大罪過於洪水甚矣！」[61]堅決反對把達爾文的進化論全部引入人類社會，人類進化不能同低等生物進化相提並論。因此清末變法之際，康有為「中西交融互匯」，以孔子的「仁」為「體」，作為進化的原理，而以西方制度為「用」，作為變法具體實踐的步驟。

康有為將進化思想「托古」給孔子，指出維新變法是「孔子之要義」，要進化便要變法維新，而學習的對象卻是來自於西方。孔子將人類進化的過程分為三個階段，也就是「據亂」、「升平」、「太平」三世，而「仁」是三世進化的動

---

[61] 《大同書・辛部》，頁 351。

向與方向，康有為指出：

> 世道有三，道似不同，然審時勢之並行不悖，故其道只有一。一者仁也，無論亂世平世，只歸於仁而已。[62]

「物競天擇」本是進化原則，康有為以「仁」作為進化的動力如何可能？因為「仁」是出自於人的天性，「仁」也就是「不忍人之心」，且「人人皆有之」，所以愛人是出於人的本能。且凡是人類，皆應彼此相愛，這是至太平大同的根本，是身為人的責任。因此康有為認為：

> 孔子以仁為道，故有不忍人之政。孟子傳之，由撥亂至太平，仁之至，則人人自立而大同。[63]

指出依循著「仁」，最終必達於大同之世。康有為進一步將「仁」的進化過程與「三世」加以結合，指出「孔子之道本於仁，仁本於孝。孝在於錫類，仁在於推恩。」[64]仁以孝為起點，在實踐孝的精神之後，仁繼續向外「推恩」。「推恩」的過程分別由「親親」而「仁民」而「愛物」，這三個階段也就是「三世進化」的過程，康有為闡釋：

> 孔子立三世之法：「撥亂世仁不能遠，故但親親；升平世仁及同類，故能仁民；太平世眾生如一，故兼愛物。仁既有等差，亦因世為進退大小。」[65]

---

62 《孟子微・總論第一》，頁 107。
63 《孟子微・總論第一》，頁 111。
64 《孟子微・仁政第九》，頁 243。
65 《孟子微・總論第一》，頁 111。

仁的精神與實踐，一旦由「親親」而「仁民」，最後到達了「愛物」，那麼「太平世」的美好境界就來臨了。

康有為雖懷抱世界主義，但對大同世界仍主張「漸進」，反對「躐等」，強調社會進化的漸進性和有序性，他說：「生當亂世，道難躐等，雖默想太平，世猶升平，亂猶未拔，不能不盈科乃進，循序而行」，否則，「亂次以濟，無翼以飛，其害更甚」，[66]強調人類社會都必須經過這些階段，而且只能漸進，不能飛躍。他論述：

> 人道進化，皆有定位，自族制而為部落，而成國家，由國家而成大統；由獨人而漸立酋長，由酋長而漸正君臣，由君主而漸至立憲，由立憲而漸定共和；由獨人而漸為夫婦，由夫婦而漸定父子，由父子而兼錫爾類，由錫類而漸為大同，於是復為獨人。蓋據亂進為升平，升平進為太平，進化有漸，因革有由，驗之萬國，莫不同風。[67]

指出人類的進化是漸進有序的，不能冒進，也不能停滯，最終進入一個高度完美的極樂世界。三世進化必須由「據亂」經由「升平」才能到「太平」，又闡發：

> 無以據亂說為升平說，泥執之，則不能進化，而將退於野蠻。又無以太平說為據亂，誤施之，則躐等而

[66] 康有為，《禮運注・序》，《政論集》，頁 193。

[67] 康有為，《論語注》（收於蔣貴麟編，《康南海先生遺著彙刊》第六冊，台北：宏業書局，1976），卷二，頁 52。

行，將至大亂。……故曰時哉，通其變，使民不倦。[68]

強調變革或進化的條件，「因時」是一個重要前提，不能躐等，所謂「夏葛冬裘，非其時不宜用也」。[69]他認為在歷史發展過程中，應該因時制宜，根據實際情況調整治國方法。「時」與「世」是密切相關的，不同的時、世當變不同的法、行不同的制，「譬之今當升平之時，應發自主自立之義，公議立憲之事，若不改法則大亂生。」[70]若是忽視「時」的要求，不論變法或是守舊都是有害的。對康有為而言，他不認為清末中國適合民主政治的發展。中國必須先經由「升平世」的君主立憲之後，才可以實施「太平世」的民主政治，否則「亂世，而以大同平世之道行之，亦徒致亂而已」！[71]並且對清末的民主運動提出嚴重警告：「未至平世之時，而遽欲去君主，是爭亂相尋，至國種夷滅而已」。[72]不依進化之序，貿然行民主之制，國之將亡。

康有為的「三世說」主張並非建立在科學的基礎上，也非建立在對過去已發生史實的瞭解和解釋，而是根據公羊家對春秋的註解，且他劃分社會歷史更是隨意的。有時以「文教」為標準，用文教未明、漸有文教、文教全備來劃分，有時又以政治體制為標準，稱說「孔子撥亂升平，托文王以行

68 《孟子微》，卷三，頁 207。

69 康有為，〈論效法歐美之道〉，《萬木草堂遺稿外編》（台北：成文出版社，1978），上冊，頁 345。

70 《中庸注》，頁 76。

71 《孟子微・自序》，頁 99。

72 《孟子微・總論第一》，頁 131。

君主之仁政」、「堯舜為民主，為太平世」。[73]由此可知，康有為並非探尋「三世」在歷史上的發展，而是以六經皆為我註解，取三世為已用，實為了變法救亡圖存之需要，名義上是孔子，實際上是康有為自己之「制作」。

做為天地萬物本原的「元氣」和以變化為義的「天道」既然是物質，[74]不再是先驗之理，且「人道進德，全在改良，愈改愈進」，[75]只有順應人類進化的規律，不斷變革，才能確保自身的存在與發展，否則終將被淘汰。康有為從根本上否定了「天不變，道亦不變」的觀念，存在的合理性已蕩然無存，人們的思想因而解放，脫離了傳統封建制度的桎梏。

第二節 啟迪民智的思想推手
——嚴復暨其「進化論」主張

預告新學術時代來臨的人物——嚴復。

隨著西學東漸，中國知識份子認識到自然科學是哲學建構的基礎，因此大量西方自然科學的引入，積極推動了中國近代的哲學變革，使中國哲學在表述方式、思維模式、概念範疇和理論框架上與古代哲學形成了不同的風格和神韻。梁啟超《清代學術概論》中說：「西洋留學生與本國思想界發

[73] 《孔子改制考》，卷十二，頁 607。

[74] 「且深知天道，則天亦物也，既為物矣，亦有壞期。雖修短不同，而終歸於盡，雖歷劫無盡，而終於有窮。天且有盡，況受於天之人身乎？故乾道以變化為義。」（見《孟子微》，卷二，頁 171。）

[75] 《論語注》，卷一，頁 22。

生關係者，復其首也。」[76]嚴復是代表著中國向西方學習的第一人，也是一個真正瞭解西方的思想家。

身處此變革的時代，嚴復關注的焦點始終是：如何使國家富強？使中國在猖獗的帝國主義的世界能夠生存下去。因此他相信中國整體的富強之道必須求諸西方的宇宙觀。因為西方的宇宙觀把世界看成是一個能源與力量的無盡寶藏，人類世界也像是整個大宇宙一樣，在地球資源有限，生命充沛的情況下，競爭是無可避免的。而生存競爭不僅提供人類的活力，也是促成演化的動力和進步的泉源。

嚴復是第一個動搖中國舊思想，介紹西方新思想的人，並且也是中西文化批判的先驅。嚴復立足於晚清救亡圖存的觀點，對斯賓塞、達爾文、赫胥黎等人的思想進行整合，提出自己獨特的進化觀。把西方物理學的「以太」說同我國的「元氣」論結合起來，以論證「天」非宇宙主宰。嚴復把西方「進化論」同我國「變」的思想結合起來，提出「世道必進，後勝於今」的進化思想。

一、融合自然科學觀點的宇宙自然觀

嚴復對傳統價值觀念的改造和批判正是通過對自然觀的內涵釐定開始的。嚴復掌握牛頓的力學理論、達爾文的進化論和無神論、康德的星雲說，形成不同於傳統的自然觀。所以「氣」是構成萬物的基本元素；「天」是形氣的客觀存

---

76 梁啟超，《清代學術概論》，頁 83。

有，非宇宙的主宰。試述之：

(一)「氣」為萬有元素

在中國古代哲學中，西漢董仲舒在《國語》、《左傳》、《管子》論氣的基礎下，建立起以「元氣」為主體的泛生命哲學體系，指出元氣先驗地具備宇宙萬物的所有基元，宇宙萬殊萬形只不過是元氣固有屬性，在不同層面、不同空間的演化而已。因此，「氣」本體論解釋了宇宙的起源、自然的形成、人類的生成、意識的緣起和人性的發端，「氣」也成了一個無限放大的本體符號，說明著自然、人類和社會諸現象的終極源由。嚴復也繼承這「氣本論」，認為「氣」是萬物的根源、存在的依據，他把整個自然界從天體以至生物歸結為「物類繁殊，始惟一本」，都具有相同的根源，是「通天地人獸昆蟲草木以為言，以求其會通之理，始於一氣，演為萬物」，[77]宇宙間的一切皆由氣演變而來。

受西方科學的影響，對於「氣」，嚴復更賦予近代科學的意義，使「氣」概念由模糊性轉為更準確、清晰。嚴復歸結出：

1. 宇宙間有六十多種化學元素，這些元素最終都可歸結為氣，所以氣是構成萬物的基本元素。
2. 氣是一切「有質之物」，各有其可量度之質，有重量、有空間位置，是可以被人意識到的物質實體，並

---

[77] 嚴復，〈原強〉修訂稿（收在王栻編，《嚴復集》第一冊，北京：中華書局，1886），頁 17。（以下出自《嚴復集》之引文，皆嚴復所言，不復稱作者）。

可以分割為「質點」。

> 今夫氣者，有質點有愛拒力之物也，其重可以稱，其動可以覺。[78]

3. 宇宙之生成肇端於一氣，由於質點的作用，而使得本是流質的地球，漸演為固體，漸生成宇宙萬殊萬形。

> 萬物皆始於簡易，終於錯綜。日局始乃一氣，地球本為流質，動植類胚胎萌芽，分官最簡。[79]

> 蓋宇宙一切各質之物，上至星球日月，下至粒米滴水，皆此極微質點所成就也。[80]

4. 古代哲學家所說的「氣」，實是近代物理學家所假定的傳導光、熱、電、磁的一種介質——以太（Ether），是構成世界的始基。

古人常以氣為無形的實體，與有形的萬物相對，嚴復則運用中西觀點論「氣」，指出氣的科學性質，確定了氣的物質概念。並指出「物之存亡系其精氣，咸其自己，莫或致亡。」萬物乃自然本身發展而成，物之存亡都是由他自己的精氣所決定，不由人的主觀意識所左右。[81]否定了康有為對「以太」的神秘主義解釋，正確的傳播科學思想。

---

[78] 嚴復，《名學淺說》（台北：臺灣商務印書館，1968），頁 23。
[79] 《天演論・廣義》按語，《嚴復集》，第五冊，頁 1327。
[80] 〈天演論〉，《嚴復集》，第一冊，頁 45。
[81] 《涵芬樓古今文鈔・序》，《嚴復集》，第二冊，頁 275。

萬物同出於物質性之「氣」。因此嚴復駁斥了宋儒以理氣為二的觀點：

> 朱子主理居氣先之說，然無氣又何從見理。赫胥黎氏以理屬人治，以氣屬天行，此亦自顯諸用者言之。若自本體而言，亦不能外天而言理者也。[82]

他批駁朱熹「理一分殊」、「理先氣後」的精神本體論，認為理氣各有其作用和功能，可以分別考察，兩者並不能相離。若就本體意義言，理為氣之理，理不能離開氣獨立存在，嚴復就此否定「外天而言理」的精神本體。

(二)「天」為自然形氣非宇宙主宰

嚴復從「氣」的觀點來論述傳統天命觀的「天」。在近代自然科學的基礎上，嚴復否定了天地對待之天，認為天由氣所組成，並著重闡述了天為自然的思想。他認為：

> 天為清虛，地者行星之一，皆為形氣中物，不足稱神。[83]

以哥白尼（Nicolaus Copernicus,1473-1543）說法指出天是包括地球的整個宇空，地球也和其他的行星一樣，而天為清虛之物，是形氣中的客觀存有，非為宇宙主宰。嚴復力圖給天一個更符合近代科學的解釋，因此又言：

---

82 《天演論・論性》按語，《嚴復集》，第五冊，頁 1389。

83 〈蘇子瞻〈圜丘合祭六議札子〉批語〉，《嚴復集》，第四冊，頁 1209。

宇宙，皆無形者也，宇之所以可言，以有形者列於其中，而後可以指似，使無一物，則所謂方向遠近皆亡。[84]

天是無任何形式和內容的空間，但又是一切事物存在的基本形式，人們透過有形事物而覺知天的存在。嚴復用近代科學說法論述了傳統天論的錯誤。

否定了上帝神靈之天的存在，因此嚴復也否定傳統「天命觀」。他指出：「夫謂受命諸天，權發自上，此專制者之所喜聞也。」所謂受命於天，實際上是專制統治者為欺騙民眾虛構出來的神話，是為其專制權力的絕對性做論證的。「雖孟子之論天命」，那麼「命」只是孟子所言的「徵諸民」，[85] 是民心向背的反映，天與命是沒有任何關係的。

(三) 由「氣轉」而「天演」

嚴復發現中國傳統氣本論，與西方近代進化論有相通性，做為進化論天演基礎的「力」，正是古代中國哲學中的「氣」。嚴復嘗言：

造物立其一本，以大力運之，而萬類之所以底於如是者，咸其自己而已，無所謂創造者。[86]

這裡指出天地萬物的形成，是「力」之使然，否定神造說。並基於先前論點天地「始於一氣，演為萬物」，嚴復認為

---

[84] 《莊子評語・庚桑楚第二十三》，《嚴復集》，第四冊，頁 1139。
[85] 《政治講義・第八會》，《嚴復集》，第五冊，頁 1309。
[86] 《天演論・察變》按語，《嚴復集》，第五冊，頁 1325。

「古所謂氣，今所謂力」，[87]「氣」具備了「力」在天演進化中同等的功用。嚴復在評點莊子時曾說：

> 一氣之轉，物自為變，此近世學者所謂天演也。[88]

「天演」指的是受氣化推動而物自生變的過程，「氣化」與「進化」亦可同等觀之。但天演的特點並不在氣化，變之所以發生，乃在於宇宙間質、力互相調劑而成。中國古典氣理論一直將陽、陰看作是宇宙本原，在結構上所具有的共同屬性，陽陰二氣的互相作用，而形成了天地萬物。而嚴復則運用牛頓的力學，論證物質自身的運動，他指出：

> 斯賓塞爾謂天演者，翕以聚質，闢以散力。方其用事也，物由純而之雜，由流而之凝，由渾而之畫，質力雜糅，相劑為變者也。[89]

宇宙萬物變化的動因是「聚質」和「散力」二者互相作用，因為它不假人為，所以稱之為「天演」。這樣的說法不同於傳統天範疇。

從宇宙生成的角度，嚴復論證了世界的物質性和運動性。他認為氣的運動可以和達爾文、赫胥黎的天演「進化」同等觀之，引「力」釋「氣」，「氣」的猜測性被否定，這無疑是為中國哲學的氣化論提供了自然科學基礎，使「氣」具有了近代氣息和物質性規定，也為進化論的中國傳播提供了

---

87 《莊子評語・知北游第二十二》，頁 1136。

88 《莊子評語・齊物論第二》，頁 1106。

89 《天演論・廣義》按語，頁 1327。

思想基礎。

傳統「氣」的定義含混不清，模稜兩可，嚴復重新以近代科學的概念界定「氣」,「氣」是有質點、有愛拒力之物，氣的運動透過質點的運動來呈現，所以氣是物質，氣之動即是物質之動，氣運動的結果而衍生出宇宙萬物。以物質論「氣」，其哲學本體的功用必將趨於消失，使得整個哲學體系相應的發生變革，更加速了中國傳統哲學的現代化進程。

「天」是由氣所形成，因此嚴復論天是在傳統哲學的框架內納入西方學說，用西方的自然科學知識和西方新的理論方法重新詮釋傳統的天命觀。由於嚴復翻譯《天演論》，使得嚴復論「天」更具有現代意義，突破傳統並向近代哲學邁進。以自然觀點論「天」，從根本上打破「天不變，道亦不變」的形而上學宇宙觀，更打破了封建制度賴以生存的理論基礎。

二、「世道必進，後勝於今」的進化觀點

甲午戰後，正當列強瓜分中國，中華民族面臨亡國滅種危機之際。嚴復翻譯了反映達爾文進化論思想的赫胥黎著《進化論與倫理學》一書的前兩章，附有按語表示自己的見解，取譯名為《天演論》，開始有系統的介紹達爾文的生物進化論學說，開啟了中國世界觀的新境界。

嚴復自稱為「天演宗哲學家」，可見他對《天演論》的重視。他一方面用「優勝劣敗之公例，無所逃於天地之間」

喚醒民眾的覺悟，[90]一方面在探討天（自然）和人的關係時，提出著名的「爭天而勝天」和「恃人力」的觀點，激勵國人奮起救亡。嚴復結合荀子「制天命而用之」的思想，[91]柳宗元、劉禹錫「天人交相勝」觀點，[92]和赫胥黎的論點，提出「與天爭勝」的新思想。並以「力今勝古」的社會進化觀點，批判「好古而忽今」的復古主義。進化論是嚴復哲學的中心，也是他駁斥「天不變，道亦不變」，主張變法以救亡圖存的基本內容。

從達爾文的生物進化論加以延伸，不論是嚴復還是斯賓塞都認為進化是宇宙間的普遍規律，「舉天、地、人、形、氣、心性、動植之事而一以貫之」。[93]嚴復指出「天演」所指的是「一切眾生皆有進化之事。」又「一切自然之變，名天演學。」[94]說明「天演」是任何事物都不能避免的普遍的客

---

90 《社會通詮》按語，《嚴復集》，第四冊，頁 929。

91 荀子認為天能生萬物，而人能治萬物，主張人「明於天人之分」，即天有天職，人有人治，二者不能混同。然而人在自然的天面前並不是完全被動受制，毫無作為而言。人作為萬物之最尊者，可以運用自己的智慧和力量，順天之常道，「制天命而用之」。（見梁啟雄〈天論〉，《荀子簡釋》，台北：中華書局，1983，頁 221-222。）

92 柳宗元認為「受命不於天，於其人」，帝王受命不在天，而在仁義品德。且「吾今變禍為福，易曲成直，寧關天命，在我人力，以忠孝為干櫓，以信義為封殖」，禍福、曲直的轉化不在天命，而是在人力。（見《柳宗元集》，台北：中華書局，1979，卷一，頁 35。）劉禹錫言：「凡人形器者，皆有能有不能。天，有形之大者也。人，動物之尤者也。天人能，人固不能也，人之能，天亦有所不能也。故余曰：天與人交相勝耳。」（〈天說〉，《劉賓客文集》，《四部備要》本，台北：中華書局，1983，頁 20。）

93 《天演論・最旨》按語，頁 1351。

94 〈天演進化論〉，《嚴復集》，第二冊，頁 309-310。

觀規律。嚴復更依據此一自然進化的規律，否定上帝的創世說，他闡述：

> 自達爾文出，知人為天演中之一境，且演且進，來者方將，而教宗摶土之說，必不可信。[95]

強調人和自然之不可分，並指出基督教認為上帝捏土創造人類的說法不可信，因為違背生物逐漸演變、進化的規律。既然自然界是普遍進化的，人類社會也是自然界組成的一部份，天演並非是純粹的自然過程，它也和人自身的進化有密切的關係，因此嚴復又言：

> 天演公例，自草木蟲魚，以至人類，所隨地可察者。[96]

指出自然界普遍進化的規律也適用於人類社會，也就是宇宙間萬物從低等生物到高等人類，都是在一個不斷進化的序列中。嚴復質疑赫胥黎提出的「以天演言之，則善固演也，惡亦未嘗非演」之天演包括退化的觀點，嚴復堅持「天演之事，皆使生品日進」，天演只應指進化非含退化觀點，在自然界「動物自孑孓蠉蠕，至成人身」皆可觀其進化繩跡，非一二人之言，因此「惡將無從而演」，最終「善自日臻」。[97] 嚴復反對赫胥黎將人類社會的進展視為倫理的過程，而非自然界天演的過程，他指出一切自然界之物皆在進化的序列中，且愈演愈進步、愈趨於善。

---

95 《天演論・察變》按語，頁 1325。

96 《天演論・最旨》按語，頁 1352。

97 《天演論・演惡》按語，頁 1391-1393。

(一)反對「天不變，道亦不變」的傳統思想

中國人認為萬物主宰的「天」，嚴復也明確指出：

> 天演之事，不獨見於動植二品中也。實則一切民物之事，與大宇之內日局諸體，遠至於不可計數之恆星，本之未始有始以前，極之莫終有終以往，乃無一焉非天之所演也。[98]

嚴復認為世界上的萬物都處在「天演」進化的過程中，即使是「天」也是如此，天不是萬古不變的。

嚴復基於宣傳宇宙普遍進化思想的基礎上，進一步批駁傳統「天不變，道亦不變」的僵化思想。嚴復說：

> 天不變，地不變，道亦不變。此觀化不審、似是實非之言也。

「靜止不動」的觀點，絕非自然發展的規律，「進化」才是宇宙間不可逃避的客觀規律。又：

> 夫始於涅菩，今成橢軌；天樞漸徙，斗分歲增；今日遜古日之熱，古晷較今晷為短，天果不變乎？

天變是聚質、散力相劑變化的過程，傳統思想「天不變道亦不變」是不存在的，真實的情況是天、地、道無時不變，並無所謂「不變之道」。而「道」本是一種抽象的觀念，「始渾

---

98 《天演論・廣義》按語，頁 1326。

然暗然，莫之知孰為優劣」，國家刑政便是「道」的現實體現，優者才能發展進化。但「道常新，故國常新」，即使是優者，也隨時在「蛻化」之中，因此道只有常變而常新，才能「趨於皇極」完美的境界。[99] 因此中國不能墨守「天不變道亦不變」之迷思，必須求新求變，國家才能趨於富強。

(二) 以進化觀論證革新之合理性

人類社會也和物質世界一樣，處在不斷發展的變化之中，因此社會是發展的，歷史是前進的，在新的歷史條件下，必須要有相對應的社會制度，嚴復指出：

> 若夫君臣之相治，刑禮之為防，正俗之所成，文字之所教，吾儒所號為治道人道，尊天柱而立地維者，皆譬諸夏葛冬裘，因時為制，目為不變，去道遠矣！[100]

君臣刑禮本是因時為制為變，不斷「修治精進」的改造，才能行之有效，執於道不變，正是偏離了正道，因此中國之成法並非不可以變，而是可變的。因此順應著「天演」的規律，變也得變，不變也得變。他十分贊同梁啟超的變法觀點：「變而變者，變之權操諸己；不變而變者，變之權讓諸人。」[101]他強調只有改革圖強，向「強者」爭取生存權力，如此中華民族才能得救，否則將淪為亡國滅種，而遭淘汰的命運。

---

99 〈述黑格爾惟心論〉，《嚴復集》，第一冊，頁 214。
100 以上三段皆引自〈救亡決論〉，《嚴復集》，第一冊，頁 50-51。
101 〈原強〉修訂稿，頁 32。

達爾文著《物種起源》一書，指出「物競」、「天擇」是世間動植物類所以繁殊之故：

> 以天演為體，而其用有二，曰物競，曰天擇。此萬物莫不然，而與有生之類者尤著。物競者，物爭自存也……天擇者，物爭焉而獨存。[102]

認為生物進化主要是透過自然選擇，物種是可變的。並強調進化的動力，在於自我保存以及為自我保存所產生的競爭，難以適應環境者終將被淘汰，而得以生存者必是強悍優良的品種。赫胥黎援引而論「人治天演，其事與動植物不同」，[103] 強調優勝劣敗、適者生存只是自然關係法則，人類應有自己的社會法則，也就是強調人類社會的倫理關係不同於自然界的關係。嚴復反對此種論點並指出「人為天演中之一境」，因此支配生物進化發展原則的「物競天擇，適者生存」的規律也適用於人類。嚴復指出：

> 是故天演之秘，可一言而盡也。天惟賦物以孳乳而貪生，則其種自以日上。萬物莫不如是，人其一耳。進者存而傳焉，不進者病而亡焉。[104]

綜觀當今世界，一切民族都在為生存而競爭，唯有不斷進化的民族，才能獲得生存發展的機會，否則一如「美洲之紅

---

[102] 《天演論・察變》按語，頁 1324。
[103] 《天演論・進微》，頁 1353。
[104] 《天演論・最旨》按語，頁 1351。

人，澳洲之黑種」弱者先絕。[105]

天演既然包括人演，斯賓塞還提出「體合」觀點：「所謂物競、天擇、體合三者，其在群與在生無以異。」[106]嚴復十分重視這「體合」觀點。嚴復認為「體合」即是「物自變其形能，以合所遇之境」，也就是物與物之間為了適應自然界的淘汰，自己改變其自身的生存型態來適應生活環境、因應自然的競爭，這就是「體合」，這「體合」的變，可說是物競天擇下的表現。斯賓塞將此論點應用在人，稱「於此見天演之所以陶鈞民生，與民生之自為體合。體合者，進化之秘機也。」[107]指出天演為調節民生的手段。斯賓塞此一觀點正切合嚴復的救國論題。嚴復宣傳「優勝劣敗，適者生存。」的真正動機是要人們認識並懂得分析中國當時的情勢，唯有體合自變才能適應天演之進化，因應現今時局，國人唯有自變才能挽救滅種之危，要人們重視自強、自主、自力等觀念和國家命運的關係。讓人們知道競爭的重要性，不要甘作劣等民族坐以待斃，應奮發圖強，透過改革，追求富強。

(三)用「與天爭勝」修正「委天數」

中國人，好把際遇委於「天命」、「天數」，長期活於被動的「任天為治」的人生之下。而且，只會一味把頭向後望，只會承先，不懂啟後，不懂創造一個比以前更廣大更進

---

105 《天演論・人為》按語，頁 1333。
106 《天演論・演惡》按語，頁 1392。
107 《天演論・最旨》按語，頁 1350。

步的生活環境。進化雖是自然的法則，但嚴復並不贊同中國這種「委天命」，也就是斯賓塞所謂「任天為治」的弱肉強食思想，也不贊同赫胥黎將社會的進化完全排除在「宇宙自然」之外。對嚴復來說「天行」和「人治」是互補的，吳汝綸曾對斯賓塞「任天為治」加以說明：

> 赫胥黎氏起而盡變故說，以為天下不可獨任，要貴以持天。以人持天，必究極乎天賦之能，使人治日即乎新，而後其國永存，而種族賴以不墜，是之謂與天爭勝。而人之爭天而勝天者，又皆天事之所苞，是故天行人治，同歸天演。[108]

指出赫胥黎「以人持天」、「與天爭勝」的主張，在面對亡國亡種的情勢下，嚴復認為中國必須透過自強來改變命運，因此強調「人為」的重要性，赫胥黎這種積極的「人治」主張，便深得嚴復救國之心。嚴復採用赫胥黎「至於人治則不然，立其所祈向之物，盡吾力焉，為致所宜，以輔相匡翼之，俾克自存，必可久可大也。」[109]此種強調人的主觀能動性說法，並結合中國哲學中以柳宗元、劉禹錫為代表的「以法勝天」的天人關係觀，[110]提出了「與天爭勝」以「恃人力」為基本思想的天人關係。又從西方富強的事實來論證其主張：

---

[108] 〈《天演論》吳汝綸序〉，《嚴復集》，第五冊，頁 1317。

[109] 《天演論・人擇》，頁 1335。

[110] 「以尚力為天行，尚德為人治，爭且亂則天勝，安且治則人勝，此其說與唐劉、柳諸家天論之言合，而與宋以來儒者以理屬天，以人欲屬人者，致相反矣。」（見〈天演論〉，《嚴復集》，第一冊，頁 92。）

> 百年來歐洲所以富強稱最者，其故非他，其所勝天行，而控制萬物，前民用者，方之五洲，與夫前古各國最多故耳。以已事測將來，吾勝天為治之說，殆無以易也。[111]

論證「與天爭勝」的必要性，並以此來批評中國「委天數」的宿命論，以此來告誡中國人發揮「人治」的作用，在進化中必須主動的同自然環境和社會環境進行對抗，就一定可以「人定勝天」。

嚴復將中西天人觀的差異概括為「中國委天數，西人恃人力」，[112]指出中西天人關係觀的本旨是一致的，及明善復修或修身事帝。嚴復說：

> 惟西人修身事帝，必將安生利用為基，故凡遇中土旱乾水溢，飢餓流亡，在吾人以為天災流行，何關人事，而自彼而論，則事事皆我人謀之不臧，甚且謂吾罪當伐。[113]

但中國傾向於天災人事各不相涉之事理，西人則以安生利用為處理天人關係之極則。因此嚴復創造性的宣傳「恃人力」和「人治」在進化中的作用，以喚醒中國人重視「人為」的重要性，而非對「天命」的順從。

---

111 《天演論・進化》，頁 1396。
112 〈論世變之亟〉，《嚴復集》，第一冊，頁 3。
113 〈救亡決論〉，《嚴復集》，第一冊，頁 49。

(四) 強調「運會」之必然性

面對當時中國時局之變，嚴復曾指出歷史變化的根本原因在於「運會」:「夫世之變也，莫知其所由然，強而名之曰運會。」即歷史發展過程中，有一種不可抗拒的力量和趨勢，有一種變化的必然性，嚴復言：

> 運會既成，雖聖人無所為力。蓋聖人亦運會中之一物。既為其中之一物，謂能取運會而轉移之，無是理也。彼聖人者，特知運會之所以趨，而逆睹其流極。[114]

嚴復對「運會」這古老的說法，似乎和進化論的觀點一致，[115]也就是聖人知「運會之所以趨」，是因為歷史的必然性不可改變，而在西方則認為這是進化的結果。嚴復深思何以「無所不在的進化」在西方可以發揮作用，而在中國卻是裹足不前，無所用處。嚴復比較中西，發現外國之所以強於中國，是因為他們知道變改，「外國窮而知變，故能與世推移」，[116]西方之所以富強，在於其能「窮」而知變，因而不斷精進。西方人懂得「物競天擇」進化的觀念，使得進化的動力不受限制的轉化為近代社會發展的重要因素。而中國不瞭解進化的過程和作用，固守著「無為」與「輪迴」，認為聖人都無法「轉移運會」改變天意，何況是凡夫俗子。

嚴復還指出思想是導致中國和西方不同的首要因素：

---

114 〈論世變之亟〉,《嚴復集》，第一冊，頁 1。

115 史華哲，《嚴復》（台北：長河出版社，1977），頁 46。

116 〈擬上皇帝書〉,《嚴復集》，第一冊，頁 64。

> 嘗謂中西事理其最不同而斷乎不可合者：莫大於中之人好古而忽今，西之人力今以勝古。中之人以一治一亂，一盛一衰，為天行人事之自然；西之人以日進無疆，既盛不可復衰，既治不可復亂，為學術進化之極則。[117]

嚴復指出中國一治一亂「循環史觀」和好古非今「退化史觀」的盛行。中國人認為歷史一治一亂是循環的，社會不是前進的，這便是「元亨利貞」、「五德終始」、「黑白赤」、「元會運世」所反映的循環史觀。[118]中國人厚古薄今，津津樂道

---

117 〈論世變之亟〉，頁 1。

118 「元亨利貞」是《周易》〈乾卦卦辭〉。「元亨利貞」是乾之四德，子夏傳云：「元，始也。亨，通也。利，和也。貞，正也。」言卦之德，有純陽之性，自然能以陽氣始生萬物而得元始亨通，能使物性和諧，各有其利，又能使物堅固貞正得終。此卦自然令物有此四種，使得其所，故謂之四德。(《周易正義》,《十三經注疏》，冊 1，頁 17-18。)「五德終始」論乃騶衍的創說，《史記・孟子荀卿列傳》中指出騶衍「稱引天地判剖以來，五德轉移，治各有宜，而符應若茲。」《集解・劉向別錄》曰：「騶衍之所言五德終始，天地廣大，盡言天事，故曰『談天』」。（楊家駱編，《史記》,《新校本二十五史》，台北：鼎文書局，1980，冊 3，頁 2344-2346。）騶衍的歷史學說「五德終始說」，是一種神秘的歷史循環觀念。它以五德相勝關係說明王朝更替，先後順序為：一、土德，二、木德，三、金德，四、火德，五、水德。水德之後又是土德，開始另一個周期，循環無窮。每一個王朝代表一德，當一個王朝衰落後，必然被代表另一德的王朝取代。而新王朝興起的時候，在天意支配下自然界必定出現某種符應。某個君主認識到符應的含義，便成為受命者，取得統治天下的資格。他又自覺地效法符應顯示的那一德的性質為新王朝制訂各種制度。「黑白赤」是指董仲舒將「五德終始」變成「三代改制」，以白、赤、黑三色為三統，認為改朝換代是循著三統的次序在進行。「元會運世」出自於宋・邵雍之說。邵康節著《皇極經世書》，集象數易學之大成，其書言「元會運世」，依次於經，分為十二萬九千六百年，配卦以序名，又依爻象變化，以說世運與衰。邵雍認為太極一也、不動，

黃金時代在遙遠的「三代」，認為古代的法制政都是天經地義，後人只要墨守成規就好了，呈現「退化史觀」的思想。西方哲學以「以日進無疆，既盛不可復衰」為學術進化極則，則反映出西方哲學具有一種積極向上、將歷史不斷推向未來與進步的精神。嚴復認為中國所缺少的正是這種精神，因此嚴復對古代中國歷史哲學中的尚古論、循環論傾向進行了清理，從而把「力今」、「日進」、「崇尚文明」等思想引進近代中國歷史哲學，從而建立起具有近代特徵的社會歷史觀。

既然，中國近代的危機，是「運會」是歷史發展的必然結果，因此我們必須知變，與世推移。但嚴復強調只能漸進，不能飛躍和突進，「民之可化，至於無窮，為不可期之以驟」。[119]斯賓塞也認為進化是不可避免的一種緩慢、累積的過程，不能越級進行。嚴復還將這種觀點提升為一種普遍的公理：

> 其演進也，有遲速之異，而無超躍之時。故公例曰：萬化有漸而無頓。

嚴復認為除非中國人已經準備好了，否則不應該進行制度的激進改革，更指出針對當時的中國社會來說，新舊兩派之論點皆不可偏廢，「且守且進，此其國之所以駿發而又治安

生二、二則神，神生數，數生象，象生器。他把象和數作為宇宙形成和發展的根源，用一分為二的象數方法解釋天地萬物的生成變化，認為自然界及人類社會是依照「元會運世」的規律而進行著周而復始的演化。

119 〈原強〉修訂稿，《嚴復集》，第一冊，頁25。

也」。也就是進化之所以只能「因循漸進」、「不偏不蔽」、「點滴改良」，就在於一下子打破了舊有的，但「新者未已」而「舊者已亡」，便會「悵者無歸，或以滅絕」，[120]所以國家的變革只能逐步改良，不能驟變。因此嚴復希望藉助長期的教育過程，從體能、心智和道德方面，在價值上全盤改變人民。

以進化論為基礎的歷史進步觀念，無疑的吸引著當時所有的中國人，其所涉及的問題，已超出自然科學的範圍，而與傳統的信仰和制度針鋒相對，即使是一般民眾也深受影響，促使中國近代思想史上一次全面的深層觀念的更新，造成中國以「畏天命修人事」為根本「名教」思想的動搖，也深深影響了從戊戌維新到五四運動，無數志士仁人的思想歷程，推動了中國社會的變革，也推動了中國邁向現代化的道路。

小　結

康有為用近代自然科學的思想基礎，來說明變化是宇宙的基本法則。並以「全變」的觀點改造傳統的「變易」思想，以「進化」觀點否定舊式「三世」說的循環退化，打破了「天不變，道亦不變」的思想禁錮，要求變革君主專制政體，為變法提供了理論依據。並從傳統的元氣說出發，以

120 以上分見《政治講義》，《嚴復集》，第五冊，頁 1264-1266。

「不忍人之心」的「仁」做為宇宙之本，透過「仁」心的發用，社會才得以和諧進化，因此，「仁」和「不忍人之心」為其哲學思想的核心，所以有學者稱其為「仁愛進化觀」。[121]梁啟超曾稱讚康有為的「三世進化」觀：「夫三世之義，自何劭公（休）以來，忽闇忽焉。南海之倡此，在達爾文主義輸入中國以前，不可謂非一大發明也。」[122]真正打擊「天不變，道亦不變」封建思想的是達爾文進化論的傳入。

嚴復引入進化論，無疑是給當時求富強的中國人打了一劑強心針。他以有力的科學論證告訴人們：萬物是變化發展是後勝於今的，大大衝擊了傳統觀念，更新了人們的思想。而古典氣化論經嚴復「全盤西化」的重構後，與近代進化論具有相通性和互補性，為進化論的中國傳播提供了思想基礎，也為古代中國氣化論的近代轉換提供了途徑。並把進化論中「力今」、「日進」等思想引入中國哲學，突出人在自然中「竭天」、「制天」的主體地位，此「以人為核心」的新天人關係鼓舞著當時的中國人奮起救國。

---

121 郭燦，〈嚴復、康有為與近代兩大進化觀的離合〉，《史學理論研究》，第4期，1997，頁72。

122 梁啟超，《論中國學術思想變遷之大勢》（上海：上海古籍出版社，2001），頁129。

第三章

晚清儒學之轉趨現代化

幾千年來，人們為了維護專制統治的秩序和家族的宗法制度，因此制訂了倫理道德規範，這些「三綱五常」仁義道德觀念漸漸深入社會各階層，人們嚴格恪守綱常名教的規範，內化為自覺行動而不敢違逆，這樣根深柢固的傳統，對於清代當時提倡變法圖強，破除封建牢籠的有識之士是一大挑戰。

康有為、嚴復生晚清社會從中世紀過渡到近代社會的轉型期，親歷中西文化衝擊的大環境，他們對比中西，較量得失，釐清了中國傳統倫理文化遺產，並吸收融合西方進步的倫理文化，形成自己獨特的倫理觀，使中國傳統倫理文化發生了近代轉向。

第一節 對傳統儒學之轉化

一、從「變化氣質」到「苦樂定善惡」的性論

人性善惡，一直是爭論不休的問題。孔子對人性問題只提出「性相近也，習相遠也」的論斷，[1]對人性的善惡並未表示明確的意見。孔子之後，孟子的「性善說」和荀子的「性惡說」由對「性」定義不同而開始了人性善惡的爭論，漢唐宋明許多思想家紛紛提出自己關於人性的學說，但眾口

[1] 《論語・陽貨第十七》，《十三經注疏》（台北：新文豐出版公司，2001），冊 19，頁 384。

異辭，莫衷一是，其中仍以「性善說」和「性惡說」影響最大。宋代以後，「性善說」為理學之本更佔了優勢地位，人性說成為一統的局面。

到了近代，在列強不斷侵擾中國的形勢下，人們比較中西，更顯國民愚昧與落後，便重新對人性問題進行反思，以探求鑄造國民新精神、培養國民新個性的途徑。康有為、嚴復繼承明清以來重視人「質性」的思想，強調性即自然，是人的自然屬性，指出人性趨樂避苦的特性，從而形成近代自然主義人性論，與古代德性人性論相對。

(一)康有為從「自然人性」到「性有善惡」的性論

康有為接觸了西方思想後，開始對中國傳統的人性論思想進行客觀的比較研究，力求全面而準確地理解人性。

康有為的人性學說，以戊戌年（1898 年）為界，從「自然人性」轉到「性有善惡」而有不同的看法。在戊戌年前所著的《康子內外篇》、《長興學記》、《萬木草堂口說》等書，皆贊成告子「生謂之性」的自然人性論觀點，而以孟荀的人性論為非；戊戌變法失敗後，作《中庸注》、《論語注》、《孟子微》、《大同書》等書後，則認為性有善惡，並對孟、荀的兩種人性論進行比較研究，在此基礎上又提出自己對人性的看法。多數研究康有為性論的學者，均傾向前期自然人性觀點，對其後期轉而主張「性有善惡」並未深究。

1. 認同告子「生謂之性」之性無善惡的早期看法

早期的康有為認為「人稟陰陽之氣而生」，人的本性就是產生於人自身氣質的自然屬性。因此，他說：

> 夫性者，氣質所發，猶一子也，但於氣質中別名之耳，安所謂不備哉？譬如附子性熱，大黃性涼，氣質之為也。[2]

「性」是生之質，這就好比附子（中藥名）生來性熱，大黃（中藥名）生來性涼一般，康有為把產生於人身氣質的自然屬性看成人的本性，這是一種自然人性論。「性」就是與天俱來自然性質，「正惟性者生之質，人皆具有一氣質，故相近」，[3]「若名之曰人，性必不遠，故孔子曰『性相近也』」，[4]人與人同類，因此人類的天賦稟性是相似的。

既然人性是天生之自然，因此康有為認為「性者，生之質，未有善惡」，[5]「性」本身只代表一種質素，不必強加以善或惡的價值判斷。康有為認為人初生時僅是中性的個體，無所謂善惡。康有為曾表明「吾質之命性者，異孟子」，[6]指

---

[2] 康有為，《康子內外篇・愛惡篇》（北京：中華書局，1988），頁 10。

[3] 康有為，《與朱一新論學書牘》（收在《康有為全集》，上海：古籍出版社，1987），冊 1，頁 78。

[4] 康有為，《長興學記》（收在樓宇烈編，《長興學記、桂學答問、萬木草堂口說》，北京：中華書局，1988），頁 3。

[5] 康有為，〈中庸一〉，《萬木草堂口說》（收在樓宇烈編，《長興學記、桂學答問、萬木草堂口說》，北京：中華書局，1988），頁 147。

[6] 康有為，《春秋董氏學》（收於蔣貴麟編，《康南海先生遺著彙刊》第四冊，台北：宏業書局，1976），頁 282。

出自己不同於孟子的論性主張，他說：「言性，告子是，而孟子非。」[7]表明其反對孟子的性善論，贊成告子的「性無善惡」主張。

康有為摒棄了孟子性善說及荀子性惡說的觀點。因此康有為指出：「朱子以為有氣質之性，有義理之性，非也。」[8]反對程朱把人性分為義理之性和氣質之性的說法。他反對以理為性之本質，認為「氣」是萬物的本原，「理」是人對事物發展規律的認識。沒有受氣之前，便沒有理和性。因此他指陳：

> 實則性全然是氣質，所謂義理，自氣質出，不得強分也。[9]

在程朱等理學家看來，「氣質之性」是人欲是惡，「義理之性」是天理是善。康有為認為「義理之性」全在氣質之中，因此，並沒有離開氣質的義理之性，否定了程朱「性即理」的觀點。

此時康有為是「以情論性」的，他指出人生最初的本性「惟有愛惡而已」，不應存有「性情」之分，批判宋儒「性善情惡」的說法。

人「能食味、別聲、被色，質為之也」，是人性的本能，「於其質宜者則愛之，其質不宜者則惡之，兒之於乳已然也」，康有為認為人生最初的本性「惟有愛惡而已」。仁、

---

7 〈荀子（兼言孟子）〉，《萬木草堂口說》，頁 195。
8 〈春秋繁露〉，《萬木草堂口說》，頁 204。
9 《長興學記》，頁 3。

義、情、欲的這些屬性都是包含在愛惡之質中，由愛惡之質發出來。他說：

> 欲者，愛之徵也。喜者，愛之至也。樂者，又其極至而不得，即所謂仁也，……怒者，惡之徵也，懼者，惡之極至而不得，即所謂義也。

上論指出不管是德性或氣質之性，都是天之所予，都是人性必要的組成部分。雖然康有為並不認同人的本性就是「善」此種仁義屬性，但他承認人的本性中先天的具有「善」的仁義之性。他指出：

> 告子曰「食色性也」、「性猶湍水也」，是也；曰「以人性為仁義，猶以杞柳為桮棬」，則未至也。夫人性本有仁義，特非仁義之至耳。[10]

其意指人性中，確實有「仁義」的成分，只是未臻完全罷了。「仁義」和人的情、欲一樣，都只是「愛惡之質」中的一種屬性，「仁義」本身並無所謂善。

程朱理學以純粹至善的「天理」作為人性，與邪惡的「人欲」相對立，堅持了「性善情惡」的說法，康有為批判此種說法，他指出「人生只有愛惡之端，其愛惡存者名為性，其愛惡發者名為情」，性與情都是愛惡本性，人性中不存「性善情惡」的區別。

人之所以有善惡在於後天學習，並非天生自然，康有為

---

[10] 以上四則皆《康子內外篇・愛惡篇》，頁 9-11。

認為「性」字、「善」字要分開講。《易》中提到「繼之者善也，成之者性也」一句，康有為解釋為「言繼言成，已入人事」，[11]可見「善」有待於人事，不可將「善」歸於性。康有為指出：

> 善者非天理也，人事之宜也，故以仁義為善，而別于愛惡之有惡者，非性也，習也。[12]

學習是品德和態度形成的途徑，也是造成人有善有惡的原因，康有為指出：「性是天生，善是人為。」認為人習惡「皆由失養所致」。[13]

由以上可知，康有為早期的人性主張著眼於人先天的生理本能和情欲的需求，摒棄了「性有善惡」和「理氣有異」的傳統說法，指出「人性」為「氣質」屬性，是採「自然人性」的主張。

2. 轉趨「性有善惡」之人性萬殊的戊戌變法後主張

相對於早期認同告子的「生之謂性」性無善惡的說法，戊戌變法後康有為認為人依德性、質性的比重不同，善有「精粗」之不同，對告子、孟子、荀子的性論有不同的調和和解釋。

後期的康有為認為，孟子和荀子對人性之理解不同，是

---

11 〈春秋繁露〉，《萬木草堂口說》，頁 205。

12 《康子內外篇・愛惡篇》，頁 10。

13 康有為，《孟子微・性命第二》（收於蔣貴麟編，《康南海先生遺著彙刊》第五冊，台北：宏業書局，1976），頁 180。

因為他們的出發點不同。孟子所倡的「性善說」，是立足於人的道德屬性和精神的追求；而荀子的「性惡說」所講的人性，則是立足於人的自然本性和生理機能。在孟荀性論的比較下，康有為正名改以「魂魄」來論人性，又指出「質性」或「德性」都是人性的一部份。

康有為認為不論是董仲舒、王充、孟子、荀子等，在人性的觀點上，基本上是相同的，但為何爭論不休？他解其因：

> 昔人不直指魂魄，或言陰陽，或言性情，或言精氣，皆以名不同而生惑。若其直義，則一而已。

因名之不同，而生誤會、疑惑，引發爭執。孟子的「性善」和荀子的「性惡」亦是如此，「但標名曰善曰惡，此蓋諸子立義之常，猶云心無二耳，後人不善體會，遂生訟端」。[14]因此康有為稱之「孟子主魂言，荀子主魄言」，將孟子人性論的出發點歸結為「魂」，把荀子的人性論的出發點歸結為「魄」。以「魄」釋「質性」，意指人的形體；以「魂」釋「德性」，意指人的精神。荀子是從人的自然本能和生理欲求來定義「性」；而孟子則由人的道德和精神追求來定義人之「性」。

人性是複雜的，康有為認為人應有「質性」的自然屬性，也有「德性」的社會屬性，康有為指陳：

> 孟子但見人有惻隱辭讓之心，不知人亦有殘暴爭奪之

---

14 《孟子微・性命第二》，頁 158-159。

心。

荀子言性惡，義理未盡，總之，天下人有善有惡，然性惡多而善少，則荀子之言長而孟短，然皆有為而言也。[15]

上論指出不管是質性或德性都是人性的一部份，人性應是自然屬性和社會屬性的統合。康有為認為孟、荀的人性思想並非完全對立，兩者是互相補充的，「聖學原有此二派，不可偏廢」。[16]因此，要準確的理解人性，必須將孟子的觀點和荀子的觀點結合起來，先天與後天統一，自然屬性和社會屬性統一，如此才能掌握真正的人性，才能建立起新的人性理論。

康有為也接受董仲舒的說法以「陰陽」、「貪仁」論人性，並指出魂魄即陰陽，人性的不同在於魂魄的比例不同。

董仲舒認為人受天之「陰陽」而生，故「身亦兩有貪仁之性」。康有為釋其論為「蓋魂氣有靈，則仁；體魄之氣，則貪」，並指出己之「魂魄」說即是董氏所言之「陰陽」。但同樣生而為人，為何人性卻有千萬的差別？康有為解為：

> 若其魂魄之清濁、明闇、強弱、偏全，互相衝突牽制，以為其發用於是，人性萬端，人品萬彙。嘗為人性表考之，分為萬度，錯綜參伍，曲折萬變。

上論試以「魂」、「魄」的比例，來說明「人性萬端，人品萬彙」的人性萬象。又由於「魂」、「魄」關係的對立，而有

---

[15] 以上三段引言見康有為，《萬木草堂口說》，頁 191、187、190。

[16] 康有為，《桂學答問》（收在樓宇烈編，《長興學記、桂學答問、萬木草堂口說》，北京：中華書局，1988），頁 31。

「君子」或是「小人」的結果，「魂氣清明則仁多」、「魂能制魄」，則變成君子；「魄氣強橫則貪氣多」、「魄常挾魂」，則變成小人。[17]魂魄因有清濁、明闇、強弱、偏全等比例對立的質素，因此造就了人性的「萬度」，這樣的說法似乎比起傳統的「性三等說」更符合人性的複雜面。

康有為進一步指出，孟子、告子、荀子的性說並無扞格之處，他們都是針對「中人」而言，都主張後天教化的重要。康有為改以善的「精粗」來區分中人，更能凸顯人性萬殊之真實。

「性」是人稟受的天然之資，但每個人所稟賦善、惡的成分並不相同。孔子所說的「上智」，是指極善者，不待於習而為善；孔子所說的「下愚」，是指極惡者，不必習而惡或習亦不能改其惡；亦有非極善極惡，而介於兩者之間，習善則善，習惡則惡，可推移者，謂之「中人」。告子也以決水之喻指「中人」，稱「人之才性萬品，略區為三，自上智下愚外，皆中人也，如是者多。」[18]針對「中人」之說，康有為將孟子、荀子的性說重新詮解，認為兩者各有所指、各有所重。

孟子、告子、荀子的性說「無絲毫不合」，只是「辨名有殊，而要歸則一」。康有為釋曰：

> 荀子之說「性者，本始質樸」，「偽者，文理隆盛」，與告子說合。蓋無杞柳之質，若水者，則不能為梓梓

[17] 以上引言分見《孟子微・性命第二》，頁159。

[18] 康有為，《論語注・雍也》（收於蔣貴麟編，《康南海先生遺著彙刊》第六冊，台北：宏業書局，1976），頁146。

矣。孟子曰：「乃若其情，可以為善」，猶乃若杞柳之質，則可以為桮棬。[19]

上述語指出孟荀對人性的定義，都是「本始質樸」，沒有所謂善惡之分，也都是針對「中人」而言，這符合孔子「性相近，習相遠」、「為上智與下愚不移」的觀念。[20]孟子主張性善，並非為性下定義，而是「情可以為善」，[21]指人性中含有「善」的成分，經後天的教化、學習，便可臻於至善；荀子之所以主張「性惡」，是指人性「本始質樸」，是「粗惡未精」，必須靠後天的「加以文明」教化，才能「文理隆盛」。

雖如此，康有為並不以善惡來區分「中人」，而是將「中人」全歸於「善」，再以「精粗」來判定。他言：

善亦有等，至善可名為善，則善質亦可名為善，但有精粗之分，而可名為善則一也。[22]

指出人與人之間，性本萬殊。「中人」以「精粗」來分，則性不再只有「上智」、「中人」、「下愚」三等，而是無限，這

---

19 《孟子微・性命第二》，頁 160-161。

20 「孔子曰：『性相近，習相遠。』『為上智與下愚不移。』王充所謂『性善者，中人以上者也；性惡，中人以下者也；善惡混者，中人也。』說非不是。但孟子之言性善曰：『其情可以為善』，但仍是善可以為善，可以為不善之說耳，並非上智之由仁義行也。荀子之本始質樸，但未加文飾耳，亦非下愚之不移也。孟、荀所指，仍皆順就中人言之也。」（《孟子微・性命第二》，頁 158。）

21 「孟子獨標性善，就善質而指之。曰：『乃若其情，可以為善』，乃所謂善此。以舉世暴棄，而欲振拔之，乃不得以之苦心。」（《孟子微・性命第二》，頁 159。）

22 《孟子微・性命第二》，頁 159。

更符合了「人性萬端，人品萬彙」的真實情形。

3. 結合「三世」說與性論的「變化氣質」主張

由於孟子「性善」和荀子「性惡」的著重點不同，因此塑造人性的方法也不一樣。康有為就是基於荀子學說，又吸取宋代哲學家張載「學為大益，在自求變化氣質」的思想，[23]進而提出自己的「變化氣質論」，主張透過學習變化氣質，達到人性的完善。

「有性無學，則人與禽獸相等」，[24]康有為認為「學習」是人和動物差別的根本原因，更是人品德和態度形成的途徑，造成人有善有惡的重要原因。「凡人氣質，各有所偏，毗柔毗剛，鮮能中和」，[25]人必須變化自己的氣質，才能產生高尚的情操和完美的個性，才能符合社會生活的要求，引出康有為「變化氣質」的說法。因此他提出：

> 凡言乎學者，逆人情而後起。人性之自然，食色也，是無待於學也，人情之自然，喜、怒、哀、樂無節也，是無待於學也。學所以節喜、怒、哀、樂也。

應以「變化氣質」做為教育和學習的重要目標，從情感、態度、與品德的學習來變化氣質，來達到人性的「中和」。[26]並

---

[23] 「為學大益，在自求變化氣質。……故學者必須變化氣質，變化氣質與虛心相表裡。」（張載，《張子全書・義理》，台北：臺灣商務印書館，1979，頁 107。）

[24] 《長興學記》，頁 3。

[25] 《論語注・述而》，頁 189。

[26] 《康子內外篇・性學篇》，頁 12。

且應「志於道、據於德、依於仁、游於藝」學會控制自己的感情欲望，[27]及「內在變化氣質，外在砥礪名節」積極身體力行，[28]如此便能改造人性，變化氣質，達到治學和修養的最高境界。

孟子所說的「性善」，是指人性中皆有善質，康有為加以肯定，並將「仁」和孟子的「性善論」相雜糅，建構出以「不忍人」之仁為「愛力」的人性主張。

所謂「人皆有不忍之心」的命題，語出孟子，[29]孟子標出人有四端，譬有四體：「惻隱之心，人之端也；羞惡之心，義之端也；辭讓之心，禮之端也；是非之心，智之端也。」康有為認為這人性中的善質就是「不忍人之心」，因此他陳述：

> 不忍人之心，仁也、電也、以太也，人人皆有之，故謂人性皆善。[30]

這種「不忍人之心」也就是仁。仁和不忍人之心，其實質乃是人類的精神意識和主體情感，康有為習慣把仁和不忍人之心稱為「愛力」、「愛質」或「熱力」，指出不忍人之心乃是一種「吸攝之力」。在康有為的思想中，「仁」是宇宙的生生之德，仁是人性，是人人具有善性、愛質。因為「人具有此愛力」，所以成人，若沒有這種「仁」，人就不能成其為人。

---

27 《論語・述而第七》，頁 151。
28 《與朱一新論學書牘》，頁 78。
29 《孟子・盡心》，《十三經注疏》（台北：新文豐出版公司，2001），冊 20，卷 14 下，頁 634。
30 《孟子微・總論第一》，頁 108。

梁啟超更指出：

> 先生之倫理，以仁學為唯一的宗旨。以為世界之所以立，眾生之所以生，國家是所以存，禮義之所以起，無一不本于仁，則乾坤應時而滅矣。[31]

意指「仁」為天地生滅、乾坤扭轉的主宰者，「仁」是先天地而存在的最高的「善」，由人性的「仁善」進而「愛同類」，如此，宇宙才得以生生不息。因此康有為視「不忍人之心」，是進化的源頭，是推動人道進化的主要力量。在此，「人性」對於康有為，不再是橫陳於內心的心理狀態，而變成推動社會進化的發展動力了。

康有為為何如此強調仁和不忍人之心，看成是充塞於天地宇宙之間人類倫理道德和行為規範的最高準則？實因仁和不忍人之心為其思想的核心，以仁、不忍人之心為普渡眾生、匡時救世的靈丹妙藥、不二法門。因此，他大聲疾呼人內心微薄的熱力和愛質，通過相互感化，最終將進入無限美好、人人幸福的大同社會。

康有為認為人性由惡至善的過程，也是隨著「三世」而進化的。

「言性惡者，亂世之法」、「言性善者，平世之法」，康有為指出不同的時代，修養的工夫便有所不同。性惡為「亂世」之徵，所以「不得不因人欲而治之，故其法檢制壓伏為多」，到了「平」世，人性為善，因此只需「擴充普度，直

---

[31] 梁啟超，《南海康先生傳》，（收在《飲冰室文集之六》，台北：中華書局，1972），頁 70。

捷放下」。[32]清末的中國正值亂世，習於惡俗，貪殺之心極盛，如何能致太平？而且人在天性上，本有智愚強弱的不同，此時強盛弱敗，皆尚爭強的環境下，又如何達到太平世「仁愛」的精神。因此基於這些緣故，康有為認為，人類「仁」的本性無法發揮，就無法進化到「太平世」。

康有為早期以「性無善惡」說反對孟子的「性善說」，用自然人性論批駁程朱的「存天理，滅人欲」的人性論，後來轉變為認同人性有善有惡，將告子、孟子、荀子的性論加以理解、調和，逐漸釐清人性的複雜性和多面性。於是，康有為提出自己正名後的人性看法，指出人性天生，「貪仁」、「魂魄」、「陰陽」同存於一身。人就天生而言，可以為善也可以為惡；其次，人若要向善，就必須變化氣質「先養其魂靈，統御其體魄」。康有為並凸顯出「仁」的重要性，「仁」不僅是性善的根源，更是大同世界的根本。這樣的人性反思在當時開風氣之先，對中國近代思想具有啟蒙意義。

(二)嚴復以苦樂定善惡的性論

在中西倫理思想史上，善惡問題受到許多思想家的討論和爭議，嚴復便試圖將西方倫理思想與傳統人性論融合貫通的加以介紹分析。

嚴復論性，採天生的自然之性觀點，且「質性」、「德性」皆是自然人性中的一部份，不能強加區分。

前述及嚴復並不同意赫胥黎把自然進化和社會發展對立

---

32 《孟子微》，頁 109、162。

起來的觀點，不認同赫胥黎道德先驗於人的本性中的說法，嚴復將赫胥黎主張人類「善相感通」之說，視作「乃天擇以後之事，非其始之即如是也」。道德是人類為了生存而合群的社會生活需要的產物，而非先驗於人的本性之中，否定人性本善之說。

「赫胥黎嘗云：天有理而無善。此與周子所謂『誠無為』、陸子所稱『性無善無惡』同意。」[33]嚴復指出赫胥黎「天有理而無善」的主張，即是自然本身具有規律性，並無所謂善惡。因此天即自然，非存有先驗之理。而「性者」，是「天之所賦」。「周秦諸子所用性字，大抵與生字通。」[34]生之謂性，人受於天的自然稟賦即為性，性乃指人的自然本性。「天性，天之所設，非人之所為也」，[35]性做為事物的質性，為事物自然固有，不會因人的意志、所作所為而轉移，而且是不可被消滅的。因此，無論是自然的變異還是人為的損益，只要不合自然，不出於自然，便不屬於人性。

針對前賢將性一分為二，嚴復指出：

> 與生俱生，曰性；群生同然，曰德；因人而異，曰形。……性=Nature，德=Essence，形=Accident。[36]

Nature 為自然，Essence 為本質，Accident 指偶然具有的事

---

33 《天演論・群治》按語（收在王栻編，《嚴復集》，第五冊，北京：中華書局，1886），頁 1395。（以下出自《嚴復集》之引文，皆嚴復所言，不復稱作者。）

34 《莊子評語・駢拇第八》，《嚴復集》，第四冊，頁 1120。

35 《政治講義・第一會》，《嚴復集》，第四冊，頁 1249。

36 《莊子評語・駢拇第八》，頁 1119。

物。也就是在嚴復看來，性是人之自然，德是本質，而形則為個別、偶然的現象。究其實質，德與形都屬於性的範疇，德是性中之本質，形為性的生理基礎。因此，嚴復指出：

> 程子謂有所謂氣質之性。氣質之性，即告子所謂生之謂性，荀子所謂惡之性也。大抵先儒言性，專指氣而言則惡之，專指理而言則善之，合理氣而言則相近之，三品之，其不同如此。

指出先賢論人性，只是針對人性某一方面性質的闡述，對人性的認識並不準確。實際上理和氣皆出於自然，共同構成現實的人性。理氣不可分割，氣本有理，理不離氣，「離氣又何從見理」？[37]那種以天理和情欲做為人之本性的理論，都是對人性的歪曲和誤解。嚴復說：

> 吾國之論人也，善則無不善，惡則無不惡。而不知形氣之中，故無此物，莫不二者相參，而率有多寡，孟子亦人耳！雖聖賢，又安得無過言哉？[38]

上言指出對於人性來說，不可能存在純粹的善性或純粹的惡性，孟子主性善，荀子主性惡都是一種偏頗的「過言」。

除了自然屬性外，人性中最重要的內容就是靈性。嚴復認為，人與萬物之性的最大差別，就在於人具有理性能力。嚴復指出，上天生人，且賦予人「靈性」，此為「本無與生

---

[37] 《天演論・論性》按語，頁 1389。

[38] 《法意》按語，《嚴復集》，第四冊，頁 1003。

俱來預具之知能」。[39]而這種「靈性」並非是一種先驗的觀念和現實的能力，而是一種潛能，一種可能性。嚴復稱之為「邏各斯」（Logos），意為理念、理性。嚴復指出「靈性」也就是人內在「理性」，是人所具有的自然素質，是最寶貴的東西，「比如佛氏所舉之阿德門，基督教所稱之靈魂，老子所謂道，孟子所謂性，皆此物也」。[40]儘管東西方稱呼有所不同，實指「靈性」。「人固有所受於天之天明，又有所得於天之天稟。教育者，將以瀹其天明，使用之以求自知；將以練其天稟，使用之以求自能。」[41]靈性只是人受於天的自然稟賦，它作用的發揮，需要人的啟迪、教育、訓練，才能臻於完善。

「德」既然是存在於性中固有的自然素質，嚴復肯定了人性有「好善」的天賦傾向，因此才有教育的可能。

嚴復指出「好善豈偶然，未生性已賦」、「好善而惡惡者，人性所同具也」，[42]好善是人人共有的本性。嚴復又指出「好德雖由降衷，而顯諸用則皆根人見。不本天賦，則無以動其幾」，再次肯定「好德」是一種天賦的素質。在此好善之心下，人與人之間存在一種「所同得於天」、「相感召」的「愛力」，這就是墨子之「兼愛」。嚴復指出孟子攻擊墨子心目中沒有自己的父親，與墨子的本意不合，其指出「夫所謂無父者，非真無父也，特不設差等於其間，待其父猶眾人

39 《政治講義・第一會》，頁 1243。

40 《穆勒名學》按語，《嚴復集》，第四冊，頁 1028。

41 〈論小學教科書亟宜審定〉，《嚴復集》，第一冊，頁 200。

42 《嚴復集》，頁 369、1241。

焉，曰無父耳。」墨子是把對父親的愛擴而充之，一視同仁。而這「仁心之用，發於至性之自然，非審顧衡量，而後為施」，此仁心就是孟子之「惻隱之心」，就是「善」，就是人生來具有一種相互感應的愛力，這正是兼愛說的出發點。他認為「使人道必以仁為善長，則兼愛之說，必不可攻」，兼愛說應該提倡。[43]由此可知，兼愛之說是建立在人性有善、有愛力的前提下。

因為人性包含從善好善的特質，因此嚴復認為通過教育陶鑄人性大有可為，他說：

> 孔子曰：少成若天性。而西儒洛克亦曰：人類上智下愚而外，所以成其如是者，大抵教育為之，故教育之所成者，人之第二性也。古今聖智之人，所以陶鑄國民，使之成為種性。[44]

上述語指出人本有自然之性，經由後天教育可塑造成第二性，因此，在當前國家危難之際，嚴復主張大力發揮教育的作用，透過教育陶鑄國民道德性，以教育救國。

雖善的素質（理）和生存的欲求（氣）都是都是發乎自然，共同構成了現實的人性，但性本無善惡，其後天的發展才導致善惡的結果，因此嚴復主張以苦樂定善惡。

性為事物的自然本質，是人天然具有的素質，因此嚴復認為是無善無惡的。「蓋性無善惡，長者趨於邪者，外誘

---

43 以上引文見《法意》按語，頁1003。

44 〈論小學教科書亟宜審定〉，頁201。

勝，而養之者無其術也。」[45]善惡道德是後天社會生活的現象，而不是它先天固有的性質。這也就是前所述，嚴復反對赫胥黎人有先驗的道德本性，而主張善惡、道德是後天社會生活的產物的的觀點。由此可知，生民有欲本身並無所謂善惡可言，後天發展才使之可以為善可以為惡。

既然善與惡的道德觀念都是由人類後天社會活動所決定的，那麼衡量善與惡的標準是什麼？嚴復主張「以苦樂定善惡」，如果符合人去苦求樂的欲望，那就是善的，反之，就是惡的。

嚴復十分傾心近代英國功利主義和進化論的善惡學說。他認同穆勒的主張，肯定每一生物的目標都是獲得快樂和躲避痛苦，「世變無論如何？終當背苦而向樂。此如動植物之變，必利其身事者而後存也」。[46]嚴復也採取邊沁（Jeremy Bentham,1784-1832）「以苦樂定善惡」的道德觀，指出人道「以苦樂為究竟，而善惡則以苦樂之廣狹為分，樂者為善，苦者為惡，苦樂者所視以定善惡者也。」[47]由此可知，嚴復認為，人生的目標不是追求抽象的善惡，而是追求具體的苦樂，善惡即以苦樂為標準，樂即是善，苦即是惡。

嚴復指出重理輕欲，崇禮苦情的觀念不符合人性。禮義並非建立在苦情遏欲上，而是「禮之立也由人，亦曰必如是而上下安，人物生遂，得最大幸福焉爾。夫非無所為，而為

45 〈代甥女何紉蘭復旌德呂碧城女士書〉，《嚴復集》，第三冊，頁 589。
46 《天演論・進微》按語，頁 1355。
47 《天演論・新反》按語，頁 1359。

是以相苦亦明矣。」[48]嚴復這種自然人性論的倫理觀，把做為七情的「樂」，引用來做為「善」的內容，肯定了人類滿足欲望避苦求樂的合理性。承認「向樂」是人之「常情」，也就是「樂」有「情」上的根源，嚴復繼承了歷史上重情的思想傳統。

以苦樂來定善惡，是否導致舜、墨為非，桀、跖為善的結論？嚴復加以解釋，論人道應通其全而觀，不得以一點論之。不損人的自得之樂、墨子己苦他樂、為樂而苦，諸如此，雖形式不同，然皆有樂在，此種樂即為善。嚴復又借助斯賓塞的理論，來增加自己理論的圓融。他認為非理想社會中，苦樂為善惡只是一個相對的概念，到了理想社會中，苦樂和善惡完全相等，「極盛之世，人量各足，無取挹注。於斯之時，樂即為善，苦即為惡，故曰善惡視苦樂也」。[49]在未來的理想社會裡，人人的要求都得到滿足，互不侵犯，就是樂與善的體現。

如此一來，人們不斷求樂將導致極端的利己，而漠視群體之利。因此，嚴復主張「以苦樂定善惡」應建立在利己也利群的標準上。赫胥黎主張「人們都有貪圖享樂和逃避生活上的痛苦的天賦欲望。」[50]雖如此，他卻反對極端的利己主義。他指出，這種「圖樂避苦」雖是人類「在與外界自然狀態的鬥爭中取勝的基本條件之一」；但是，「如果任其內部自由發展，也就成為破壞社會的必然因素」。因此，他主張把

---

48 《法意》按語，頁 1017。

49 《天演論・新反》按語，頁 1359。

50 赫胥黎，《進化論與倫理學》（北京：科學出版社，1973），頁 18-19。

「圖樂避苦」約束在社會福利所要求的限度之內。[51]嚴復認同赫胥黎這一思想，他指出趨樂背苦，並不是要以「禹墨之胼繭」為非，而以「桀跖之恣橫」為是，他認為人生活於群體，應提倡利群，這種利群的行為也是樂。嚴復指出中國傳統善惡觀念片面的強調為善去惡，「以為利人，而已無與也」，而今日則演變為「之為善之所以利已，而去惡且不止於利人」，[52]「善」意謂著替別人的幸福和快樂著想，也意味著尋求自身的幸福和快樂，「惡」也絕非只是損害他人的利益，也同時意味著對自已的損害。「善」應是利已與利群的雙贏局面。

嚴復面對災難深重的祖國，深切同情遭受苦難的人民，從自然之性來分析人性，提出避苦求樂的呼聲，肯定了擺脫痛苦追求快樂幸福的正當性，反映出追求物質的欲望，快樂就是幸福的新人生觀，用以批判了封建傳統以五常為人性內容，社會苦樂不均的現象，在理論上有其批判意義。

二、從「求樂免苦」到「開明自營」的理欲觀

義與利、理與欲的關係，不僅屬於倫理道德的範疇，也有明顯的社會政治意涵。

我國傳統把「理」和「道」、「義」等同視之，對「欲」則是敬而遠之，傾向負面觀點。孟子云「養心莫善於寡

---

[51] 赫胥黎，《進化論與倫理學》，頁 19、21。

[52] 《法意》按語，頁 1022。

欲」、[53]荀子主張「君子樂得其道，小人樂得其欲。以道制欲，則樂而不亂；以欲忘道，則惑而不樂。」[54]要求儒者盡量減少欲望，慾望應受道德的節制。到了宋儒進一步提出「存理滅欲」的命題，強調「人之一心，天理存而人欲亡，人欲勝則天地滅，未有天理人欲夾雜者。」[55]將理、欲對立起來，視人欲為毒蛇猛獸，妨礙道德修為。這樣的情況，到了明清之際有了改變，王夫之（1619-1692）、戴震（1724-1777）在西學東傳及著眼於商業、治生的新觀念助瀾下，開始重視逐利之心的「人欲」，主張「人倫日用，聖人以通天下之情，遂天下之欲，權之而分理不爽，是謂理」，[56]強調理與欲的統一。這樣重「人欲」的思想氛圍下，直至清末變法圖強，邁向近代化之際，益發凸顯人欲求利的正當性。

康有為、嚴復出於發展新式工商業的目的，揭露封建制度「存理滅欲」、「貴義輕利」思想的主導，對於封建社會的文化、經濟、道德、科技各方面，都產生消極的影響和不良的後果，進而提出「求樂免苦」重人欲、鼓勵「開明自營」求利的新理欲義利觀。

(一) 康有為「求樂免苦」和「以禮節欲」的理欲觀

康有為承繼了清儒重視人欲的觀點，並在西方邊沁「樂

---

53 《孟子・盡心下》，卷 14 下，頁 640。

54 《荀子・樂論》，《四部備要》（台北：臺灣商務印書館，1975），卷 14，頁 150。

55 朱熹，《朱子語類》（台北：文津出版社，1986），冊 1，卷 13，頁 224。

56 戴震，《孟子字義疏證》（台北：臺灣商務印書館，1978），卷下，頁 53。

利」主義的影響下，[57]提出「求樂免苦」、「以禮節欲」的主張。

「人生而有欲，天之性哉」，[58]從自然人性出發，康有為認為「求樂免苦」是人的本性，必須予以滿足，不能加以禁絕。

「喜怒哀樂愛惡欲之七情，受天而生，感物而發」，[59]人的物質和精神欲望是出自於天性，康有為肯定人欲的合理性。因此，康有為反對宋明理學「以欲為惡」的禁欲主義。他指出宋儒所強調的「理」並不是天理，而是「理者，人之所立」。至於「欲」，「嬰兒無知已有欲焉，無與人事也」，[60]所以「欲」才是上天賦予人的，所以應該稱「天欲而人理」才是。

人之所以為人，必有各種人欲，中西人皆同。對此，康有為認為只有「因而行之」，滿足人的各種欲望，才能順其天性，使人感到快樂，任何人都無法禁絕。康有為指出人面對外界的刺激產生「適宜」和「不適宜」兩種知覺，「適宜者受之，不適宜者拒之」、「其於腦筋適且宜者，則神魂為之樂；其於腦筋不適不宜者，則神魂為之苦」，[61]因而產生苦樂

---

[57] 在西方中世紀，宗教以神性壓制人性，因此，文藝復興時期一些人文主義者宣傳享樂的合理性，用以批評宗教的禁欲主義，因此快樂主義的倫理觀在西方風靡一時。蕭公權認為：「康氏於此頗近邊沁（Jeremy Bentham, 1748-1832），其樂利主義是為改革的理論基礎。」（蕭公權，《康有為思想研究》，台北：聯經出版社，1988，頁 149-150。）

[58] 《大同書・甲部》，頁 90。

[59] 《禮運注》，頁 35。

[60] 《康子內外篇・理氣篇》，頁 29。

[61] 《大同書・甲部》，頁 51。

的感覺。對此，康有為指出追求快樂幸福是人的本性。康有為詳加闡發：

> 故普天之下，有生之徒，皆以求樂免苦而已，無他道矣。其有迂其途，假其道，曲折以赴，行苦而不厭者，亦以求樂而已。雖人之性有不同乎，而可斷斷言之曰：人道無求苦去樂者也。[62]

人的本性雖有多種多樣，但普天下人類共同的本性只有「求樂免苦」。欲望滿足了生存的需要，不畏艱難、不畏困苦，只為了追求更大的幸福。

人類追求幸福與人類社會文明進步是同一個發展過程，因此，康有為指出「求樂免苦」是人類進化的驅動力。

人生於世，便有各種生理要求、物質生活需求和精神生活欲求。「當生民之初，以飢為苦，則求草木之實、鳥獸之肉以果腹焉」，人們為了滿足自已食、衣、住的各種欲望，便不斷的同大自然競爭，努力改善自己的生存環境。有了進一步完善和發展後，「求樂免苦」本性又有新的追求，「食則為之烹飪、炮炙、調和則益樂；服則為之衣絲、加采、五色、六章、衣裳、冠屨則益樂；居則為之堂室、樓閣、園囿、亭沼、雕牆、畫棟染以花鳥則益樂。」人在滿足「求樂免苦」的追求過程中，自身也不斷得到完善和提高，人類社會文明也得到促進和發展，所以康有為認為「求樂免苦」不僅是人的一切行為的動機，更是推動人類社會前進發展的動

---

[62] 同前註，頁 53。

力，因此「日益思為求樂免苦之計，是為進化」。[63]

從「求樂免苦」的人道原則出發，康有為指出聖人應制定符合人情的人倫規範。「求樂免苦」成為判斷政教好壞、公理是非的標準。

一切社會人倫規範和制度是否合理，是否為善，應看其是否能滿足人們「求樂免苦」的要求，能滿足，則是善的、合理的，否則就是惡的，不合理的。康有為認為為政者的首要任務，就是盡量滿足大多數人的願望，為大多數的人帶來幸福、希望，聖人制定的禮樂政教，不過是求樂免苦的工具。傳統儒學一直把禮義道德綱常作為衡量善惡價值的標準，一切社會人倫規範和制度也只能以其是否符合禮義道德綱常，做為判斷善惡的標準，而不是看其是否符合人的利益。康有為批評這種「崇義抑利」之說，是違反了人的自然本性和人道原則，滿足了人的欲望，才是人間的正道。

為了滿足人的合理欲望，必須轉變「重義輕利」的價值觀，講究物質的功效與利益，因此，康有為指出「民之欲富而惡貧，則為開其利源，原其生計，如農工商礦機器製造之門」，[64]一切有良知的政府，應該滿足人民合理的欲望，消除人民的痛苦，而這一切都離不開物質生產、物質功效和物質利益。基於此，康有為在〈公車上書〉中便批評洋務派官僚壟斷近代工商業的作法，認為私人資本經營的各種企業，政府應當加以保護和鼓勵，重視商業、經濟，才能使國家富強。經過在歐美各國的實地考察，「蓋尋新地、新法，制新

---

63 《大同書・癸部》，頁 360。

64 《孟子微・仁不仁》，頁 61。

器，此物質之大效，而歐人之所以雄跨大地者也。」[65]康有為認識到西方社會的強盛，原因在於發揮物質生產的功利。康有為以歷史的角度分析中西的異同：

> 中國之教，所謂親親而尚仁，故如魯之秉禮日弱。泰西之教，所謂尊賢而尚功，故如齊之功利而能強。[66]

中國社會講究義理、壓抑人性，違背人道，所以國勢日趨衰微；西方社會強調功利競爭，振奮精神，人人競功爭利，使國家得以日新月異。

雖然人欲為天之性哉，但康有為堅決反對縱欲，主張引導人們正確面對欲望，並用「禮」來加以節制。

對於人的欲望，康有為強調人們要注重道德修養，並指出前賢「強制」和「引導」兩種方法的不同。[67]他堅決反對用「強制」的方式，認為這消極、被動，無法從根本上解決問題，而宋明理學家主張禁欲，禁出「河日漲而堤日高」，最終「河決無日矣」的結果。他認為應該用「引導」的方式，幫助人們正確的對待各種欲望，將人們的各種私心雜念及醜惡現象從根本予以解決，使人們自覺的遵守各種道德秩序，以樹立起良好的社會風氣。康有為此一思想實有儒家

---

65 《物質救國論》（收於蔣貴麟編，《康南海先生遺著彙刊》第十五冊，台北：宏業書局，1976），頁 34。

66 康有為，《戊戌變法前後康有為遺稿》（上海：上海人民出版社，1986），頁 279。

67 「孟子言性，如禹治水，專指瀹浚疏排而利導之。荀子言性，若賈讓、王景之治河，專主築堤而遷民以防捍之，若宋賢之言理性，則本于佛氏絕欲之說，並不留賈讓之游堤以留餘地，于是河日漲而堤日高，甚至水底高于平地，而河決無日矣。」《孟子微・性命第二》，頁 169。

「德治」、「仁治」的淵源關係。

至於如何「節欲」，康有為認為應用禮樂政教的方式來調節，因此主張「以禮節欲」。康有為從社會、群體的角度闡述：

> 縱欲太過則爭奪無厭，故（聖人）立禮以持之，許其近盡而禁其逾越……（聖人）立律令者，令眾人各得其分，各得其樂，而不相侵，此禮之大用也。

上論主張人非獨自生存，假若一個人不顧他人或群體的利益，只知利己，縱欲縱樂，就必然侵犯他人或群體的權限及自由，就必然產生糾紛、爭奪，從而造成社會秩序的混亂。因此，「不能不治之以節，飾之以文」，使其「名分地位各有所宜」，「道義事為各有所合」，這才能符合「人道」的真義。

不同於傳統以「禮」為本，視「禮」為永恆必然的法則，康有為認為「禮」是應人情、人欲而設立的，且同時具有約束情、欲的作用。

在中國古代，禮是等級秩序、道德規範。孔子主張「克己復禮」，即指出禮是做人的規範和體格，人必須克服自己，按禮的規範去做，才具有人的價值而成為人。儒家認為禮是聖人所做，是永恆的必然法則，人只能無條件的服從它，而不能改變它，董仲舒把禮義道德綱常說成是永恆之道，鼓吹「天不變，道亦不變」，宋明理學則把儒家的禮義道德綱常說成是至高無上的「天理」。顯然在禮與人的關係上，儒家認為以禮為本，人是從屬於禮的被制約者，禮義道德規範的價值顯然高於人的價值。康有為反對這種觀點，他認為人的價值高於禮的價值。

「禮既成定，然當隨時變通，因人情之大順而耕穫之，人情為田也」，在康有為看來，禮義規範和制度是根據人的需要而制定的，而且要隨著社會歷史和人事變化而變化，並不是一成不變的法則。因此康有為指出：

> （禮）適于飲食男女樂利欲惡之宜，而曲折從之，順人情之孔穴也。
>
> 人道莫大于養，禮為人設，故禮之義，在養人而已。蓋人道全在仁樂順，而禮義乃其橋樑舟車也。[68]

由此可知，「禮」是為了適應和調節人情、人欲而產生的，離開人情人欲，就無所謂「禮」。禮的制定是為人服務的，禮的價值就在於它能夠滿足人的需要，符合人的利益，即有助於人們「求樂免苦」。康有為反對把禮義道德規範凌駕於人之上，做為壓制人、束縛人的工具。

「禮」應人情人欲而設立，但反過來，又對人情人欲起著約束、節制的道德作用。在康有為的觀念裡，「禮」就是人們言論行為的道德規範，是對人的各種欲望需求的限制，對那些為滿足個人欲望而為所欲為、侵犯他人的人，有必要以禮治之，生活在社會中的每一個人，都不能縱欲過度，否則就是違背了禮。通過「禮」的調節，便能恰當的處理個人與他人、個人與群體的關係，使人們各得其分，各得其樂，

[68] 以上引言分見《禮運注》，頁 67、47、59、54、64。

而不相侵，以達到人類「求樂免苦」的目的。

康有為對「禮」的主張，既滿足了個人的欲望要求，又不侵犯他人滿足欲求的自由，不妨害群體的利益和正常的社會運作，使個人的名分地位各有所宜，人人各得其樂。康有為的「禮」，建立了人與人之間一種新型的關係，體現了合理利己主義的倫理觀念。

除此之外，康有為認為人們應發揚不忍人之心，克制自己的各種欲望，愛群、利己、樂人，只有如此，方有人道之進化。人是合群的動物，每一個人的禍福利害、喜怒哀樂都同其群體緊密聯繫著，因此每個人對群體都有不可推卸之責。通過「去苦求樂」、「以禮節欲」、「發揮不忍人之心」的發展，合於「人情」、「人道」的大同世界於焉建立。。

康有為「求樂免苦」的主張肯定了人們追求幸福快樂、滿足各種欲望的合理性，但並未發展到縱欲的享樂主義、利己的極端個人主義，而是主張「以禮節欲」，要求每一個人都要考慮並正確的處理個人同社會、群體及他人的關係。這種倡導人類追求幸福快樂和文明進步的思想，對於破除晚清社會安於貧弱的守舊勢力有重要的意義。

(二) 嚴復「開明自營」的善功思想

在中國傳統觀念中，道義功利的關係是長期爭論的問題，儒家更有貴義輕利的傾向。嚴復從理論上尋找追求利益之內在根據，解決自我利益與他人利益、道義與功利之間的問題，並認為追求合理利益和開明利己主義的法則，與道義非但沒有對立和矛盾，反而是統一不二，相容不悖的。嚴復重視義利的一致性，提出「開明自營」的主張，為中國近代化走向富強之路提供合理的理論依據。

把義和利截然對立起來，這情形不僅是中國傳統，在西方舊觀念也是如此。孟子說：「亦曰仁義而已矣，何必曰利？」[69] 董仲舒說：「正其誼不謀其利，明其道不計其功。」[70]嚴復就曾不滿指出「治化之所難進者，分義利二者害之也」，這種貴義輕利學說在歷史上造成的危害「於化於道皆淺，幾率天下禍仁義矣。」[71]人們對於求利大多噤若寒蟬，把個人利益視為污濁之物，甚至棄絕個人利益視為有德。

與儒家貴義輕利觀相對立的義利統一觀，最早由墨子提出。他認為義與利是一致的，並且把利與不利做為區別義與不義的標準。墨子從兼愛出發，指出所謂的利，是指「天下之利」、「國家百姓之利」，此說法又比僅指個人私利以及一國一家之利的儒家之利，意義更為廣泛。墨子的義利思想，到了商鞅、韓非有進一步發展。墨家學派和商韓學派的義利觀是中國思想史上最早的功利主義思潮，它肯定義從利出，否定了天賦的道德觀念，動搖了傳統天命觀的統治地位。宋代李覯（1009-1059）、明代李贄（1527-1602）、明末黃宗羲(1610-1695)、清初顏元（1635-1704）、龔自珍也肯定義利統一，喜利是人的本性，批判了儒家義利割裂、君子小人對立的觀點。

---

69 《孟子・梁惠王上》，卷 1 上，頁 23。

70 班固，《漢書・董仲舒傳》（《四史》，台北：藝文印書館，1955），冊 6，頁 1172。

71 《原富》按語，《嚴復集》，第四冊，頁 858。

繼承了歷史上義利統一說的傳統，同時又受到西方功利主義的影響下，[72]嚴復提出義利合一的「開明自營」主張。

由於嚴復居住英國數年，也多次出國考察，看到了西方國家貧富懸殊的嚴重社會問題，因此，嚴復主張中國在向西方學習的過程中，應該注重克服其弊端，避免產生貧富分化等社會問題，以免重蹈西方諸國之覆轍。在嚴復看來，自私是人的本性，但人們又不可極端利已，損害他人和群體的利益。因此，嚴復認為以兩利為基礎的「開明自營」，即是西方「合理的利己主義」，體現了義利統一的原則，值得提倡。

從進化論的觀點出發，嚴復指出要「善群保種」就要「群己並重」、「捨己為群」。[73]在西方諸多提倡利己主義的流派中，嚴復最為讚賞「合理的利己主義」的道德學說，亦即兼顧社會群體與個人利益。以「自私」、「利己」但不損害他人利益為原則，以「愛他」、「利群」但不損己為前提，反對極端、狹隘的利己主義道德觀。

為何特別強調「開明」二字？就是「求利」必須遵守「兩利為利，獨利為不利」的道德原則。[74]嚴復引亞當・斯密的話說：

---

[72] 功利主義（Utilitarinism）為英國邊沁（Jeremy Bentham,1784-1832）首創。功利主義之根本思想係建立在利已心上面，主張以功利（Utility）為主旨，以人類最大多數的最大幸福為依歸。他認為人類無不利己，人類總不免受快樂和苦痛二者之支配，人類之企求，總是希望自己得到最大幸福，同時希望苦痛愈少愈好，所以真正利益，不論在經濟上、生活上、或在政治上、社會上，除個人利益外，即不存在。

[73] 《天演論・演惡》按語，頁 1393。

[74] 《天演論・群治》按語，頁 1395。

> 大利所存，必其兩益。損人利己非也，損己利人亦非；損下益上非也，損上益下亦非。[75]
>
> 蓋未有不自損而能損人者，亦未有徒益人而無益於己者，此人道絕大公例也。[76]

嚴復認為，「大利」是指社會公眾的利益，對於人己、上下、公私，損害任何一方都不恰當，只有兩利才是最完滿的。嚴復因為看到貧富對立、分配不均的社會現象，因此宣揚西方的兩利主義。他指出「古之言為善也，以為利人，而己無與也；今之言為善者，以不如是，且於己大不利也。知為善所以利己，而去惡且不止於利人。」[77]說明利人與利己的統一性。而人們也只有維護集體利益，使其不受損害的情形下，才能維護個人利益。集體利益是和個人利益是並重的，但在必要的時候，為了維護集體利益，就必須拋棄個人利益。這種道德觀無疑是對儒家傳統倫理觀某方面的繼承和發揮。

嚴復又進一步認為，要想實現兩利，關鍵在於處理好義和利的關係。一個人想要獲得功利，其行為必須以符合道義為前提，也就是「先義後利」。

義與利、理與欲之間並不矛盾，嚴復從天演論觀點指出「求利」是人生活的一部份，用以批判儒家傳統的義利觀，闡發自己功利主義的思想。赫胥黎認為倫理道德先驗於人的本性中，自然進化和社會發展是對立的，人類社會不同於自

---

75 《天演論・恕敗》按語，頁 1349。

76 《原富》按語，頁 892。

77 《法意》按語，頁 1022。

然界，倫理學並不等於進化論。「群道」之所以發生，是因為「由人心善相感而立」。嚴復不同意此說法，他吸收斯賓塞的觀點，指出正由於人類進化規律的作用，因此「人之由散入群，原為安利，其始正與禽獸下生等耳，初非由感通而立」，[78]道德倫理產生於人們合群社會的需要。既然人們為了「安利」而合群，因此，「自天演學興，而後非誼不利，非道無功之理，洞若觀火。而計學之論，為之先聲焉」。「求利」是人類生活的一部份，且求利的同時也必須合於義，這才符合生物進化之理。亞當・斯密在《原富》中也說：「蓋真利者公利，公私固不兩立也。」嚴復指出此就是「惟公乃有以存私，惟義乃可以為利」，[79]只有在「義」的前提下的「利」，才是真正的「利」。

這樣強調「義利合」善功的主張，又必須以「民智」的開化做為前提條件。嚴復指出「但民智既開之後，則知非明道則無以計功，非正誼則無以謀利」。[80]社會在發展，利己說的內涵也在發生變化。當今提出利己說，是以義利的結合為基礎，以公利、利人為前提。隨著民智的增長、提高，人們也能懂得「非明道無以計功」、「非正誼無以謀利」的道理。如此正確處理功利與道義兩者的關係，以不背道義的方法求得功利，這便是「開明自營」，人人皆「開明自營」，便能兩利。

嚴復認為這種「開明自營」的見解「實能窺天道之

---

78 《天演論・制私》按語，頁 1347。

79 以上引言見《原富》按語，頁 857-859。

80 《天演論・群治》按語，頁 1395。

全」，「為近世最有功生民之說」，且有助於生民教化。因此，也唯有行義能夠使人獲利，人們才願意按照道義行事，「庶幾義利合，民樂從善，而治化之進不遠歟！」[81]嚴復還強調說：「今之為教，則明不義之必無利，其見義而忘義者，正坐其人腦力不強而眼光短耳。此德育教授新法之大略也。」[82]這種義利合一的新觀點，應當做為培養德育的內容向人民群眾宣講。

倡國家富強，要使民能自利，因此嚴復認為政府對於民間私人經濟活動，應給予充分的自由，聽任其發展，不應加以干預。

針對當時有些人以「保護」、「扶持」為名，干涉禁錮私人經濟的做法，嚴復提出批評，他說：「名曰輔之，實以錮之；名曰撫之，實以苦之。生於其政，害於其事。」應該取消對經濟活動不必要的限制和干涉，「後之政家僉謂民之生計，只宜聽民自謀，上唯無擾」。[83]基於此，嚴復十分贊同亞當・斯密的經濟自由主義思想，[84]他指出：

> 夫所謂富強云者，質而言之，不外利民云爾。然政欲利民，必自民各能自利始；民各能自利，又必自皆得自由始。[85]

---

81 《原富》按語，頁 859。

82 〈論今日之教育應以物理科學為當務之急〉，《嚴復集》，第二冊，頁 285。

83 《原富》按語，頁 879。

84 「經濟自由主義」詳見王中江，《嚴復》（台北：東大出版社，1997），頁 175-176。

85 〈原強〉修訂稿，《嚴復集》，第一冊，頁 27。

也就是「蓋財者，民力之所出」，如果要個人充分發揮自己的能力，國家的經濟政策須以利民為主旨，且必須給私人經濟活動充分的自由，如此民力才能創造出更多的財富，社會才可能進步。嚴復甚至將經濟自由主義以進化論解釋，認為此乃「自然之機」，是不可違抗的自然規律，認為只有實行變法，廢止一切妨礙私人經濟自由活動的政策措施，才能順應此自然規律，反對變法即是違逆天理。

嚴復反對將義與利對立起來的觀點，且又排除極端自私的利己主義道德觀，而提出「義利合」主張，希望人們通過「開明」的手段，達到自營、自利的目的，從而建立人我兩利、義利合一的新的經濟倫理道德觀，嚴復宣傳的「開明自營」的利己主義，在當時提倡禁欲、克己以否定人們正當個人利益的時代中，對統治階級無異是沉重的打擊。這種道德觀念對於個性解放，維護個人正當權益，及發展經濟等，都產生極大的影響。

第二節 對現代思想的趨近

一、倡導自由、平等、博愛的天賦人權主張

康有為、嚴復沒有完全否定人性中的道德因素，試著把傳統經典與西方社會政治理論結合起來時，作了許多新的解釋和發揮，使其符合當時人們所瞭解的西方政治理論，為他

們穿上近代的時裝，並以此證明他所推崇的傳統經典，完全符合時代的潮流，完全可以充當變法的合法性依據。因而把仁義理智等道德改換為自由、平等、博愛等天賦人權主張，用以反對封建的道德原則。

(一)康有為之綰合自由、平等、博愛與儒學思想

康有為在接觸西方傳教士所編纂的書籍中，對天賦人權和博愛、平等、自由的學說已有所瞭解，便重新審視中國儒家傳統的道德體系，因此他借用其中某些倫理規範，賦予新意。並指出西方這些天賦人權和博愛、平等、自由的學說，在中國的儒家倫理思想中都可以找到類似的觀念，並提出維護人的權利和尊嚴的人道關懷主張，作為與維新變法的政治改革相應的倫理道德觀。

受西方近代倫理學說的影響，康有為提出「人道」和「天賦人權」的主張。康有為指出孔子之道即人道，人是孔子之道的核心，「道不離人，故聖人一切皆因人情以為教」。[86]聖人之道，不是以天為主，而是以人為主。且「孔子之道，其本在仁，其理在公，其法在平……人人有自主之權。」[87]意即博愛、平等、自由是天賦人權，也是人道主義的主要內容。

天賦人權，每一個人都有自主獨立的人身權利，這種權

86 《禮運注》，頁 61。

87 康有為，〈春秋筆削大義微言考序〉（收在湯志鈞編，《康有為政論集》，北京：中華書局，1981），頁 468。

利是神聖不可侵犯的。康有為認為「人者天所生也」，「有其身體即有其權利，侵權者謂之侵天權」，[88]個人都具有自主獨立的權利。封建體制、名分制度對人的限禁和壓迫，剝奪人的自由、平等、自主之權，明顯「失人道獨立之義而損天賦人權之理者也」。[89]康有為又指出「博愛」實為「仁」的本義，孔子言「性相近」即是「平等」之謂，子貢「我不欲人之加諸我也，吾亦欲無加諸人」是中國「自由」的發聲。試分述如下：

1. 凸顯孔子思想之「博愛」義

博愛即普遍的人類之愛，是康有為對孔子「仁」的改造。仁即是人道，以博愛為本。

康有為把社會發展的動力歸之於「不忍仁之心」，認為制度的變革，文化的革新，社會的進步，全部取決於仁愛之心的作用。康有為直接把「仁」比附為西方的「博愛」，並將這種博愛的思想解釋為孔子的思想的核心，即「孔子本仁最重兼愛」。他指出：

> 博愛之謂仁，蓋仁者日以施人民，濟眾生為事者……欲以施人民，救濟民眾，廣博普遍，無所不及，庶得為仁。[90]

---

88 康有為，《大同書・戊部》（收在錢鍾書編，《康有為大同論二種》，香港：三聯書店，1998），頁 183。

89 《大同書・戊部》，頁 220。

90 《論語注・雍也》，頁 153。

上論即指孔子之道，重在博愛施於民，遂能得仁。對於《論語》中「樊遲問仁，子曰愛人」一語，康有為也闡述為：

> 蓋博愛之謂仁，孔子言仁萬殊，而以此愛人言仁，實為仁之本義也。[91]

康有為在許多地方都反覆予以申明「博愛」才是仁的本義。又「天下之人，本皆天生，同此天性，自同為兄弟也」，因此康有為認為人們同是天之子，本為同胞，身處社會中的人們應該博愛。

康有為進一步指出「仁」普遍存在於眾生的思想，因此應泛愛眾生，不分差等，運用此「愛」，便能達到世界大同的理想。

「仁」在「人」是博愛的美德，在「天」則是生生不息的道理，康有為認為人「受天之氣而生，眾生亦受天之氣而生」，人與天地萬物都產生於氣，都是同胞，因此，對全人類都當抱持愛心，也該泛愛眾生萬物。又指出孔子曰「泛愛眾」，孟子曰「仁者無所不愛」，墨子主張「兼愛」，在在指出仁學重「愛」。在此基礎下，康有為將孔子的「仁」思想加以改造。孔子之「仁」本是「有差等」之愛，非指「博愛」，康有為認為孔子「愛有差等」表現在「親親、仁民、愛物」三等，而「仁既有等差，亦因世為進退大小」，[92]分別將這三等愛納入據亂、升平、太平之三世進化中，如此一來，在每一世中愛便沒有差等了。仁的本義其實是「博

---

91 《論語注・顏淵》，頁 325。

92 以上引言見《孟子微・總論第一》，頁 112、111。

愛」，不分差等的泛愛眾生。

在「博愛」的主張下，康有為認為人不分古今、中外，也不分男女老少，甚至是未來人也要相親相愛。他指出「大地萬國之人類皆吾同胞之異體，既與有知，則與有親。」生於大地，則又「相遇為親」、「與古人親」、「與全地之人親」、「與將來無量世之人親」。[93]人們只要運用「愛」的力量，便能消除人類社會的各種苦難，這樣社會就能發展到極樂的太平之世。

由此觀之，康有為的博愛觀，雖是沿用傳統道德「仁愛」的說法，但實質上是西方的博愛思想論點。「博愛」的口號在法國提出時，有其政治上反封建的效用。康有為極力宣傳「博愛」，也正是反封建而採取的一種手段。事實上，外國侵略者不可能博愛中國大眾，而身為被壓迫的中國人更不可能博愛這些侵略者。真正的「博愛」，也只有在太平世界，才有可能實現。

2. 強調儒家思想之「平等」義

康有為立足於儒家人性平等的原則，主張男女平等、政治平等。

從孔、孟的言論中，康有為找到關於「平等」的論述，認為中國先秦儒家早已提出「人人皆獨立而平等」的倫理觀，而且其中更深富「天賦平等」的意義，這種「平等」是任何人都不可以剝奪的。孔子所言「性相近，習相遠」一

---

[93] 《大同書・甲部》，頁 49-51。

語，康有為解釋為：

> 若名之曰人，性必不遠，故孔子曰「性相近也」……夫相近，則平等之謂。

指出性是自然界賦予人共同的素質。同為自然界的產物，人與人之間不存在根本對立與差異，「同是食味別聲被色，無所謂小人，無所謂大人也」，[94]人人生來就是平等的。就其本性而言，《孟子微》一書中言：「蓋天之生物，人為最貴，有物有責，天賦定理，人人得之。」[95]人人皆直隸於天，得之於天賦，其自然之質沒有等級懸殊。

在「平等」的原則下，康有為否定了封建禮教中「男尊女卑」、「夫為妻綱」的傳統倫理道德。

在所有不平等中，康有為認為男女不平等最不合於人道，古今中外的女子受男人欺壓，幾乎被剝奪一切權利，這種不平等，實滅天賦之人權，反天授之本性。康有為說：「凡人皆天生，不論男女，人人皆有天與之體，即有自立之權，上隸於天，人盡平等，無形體之異。」其實同為人，則質性皆同，「其聰明睿智同，其性情氣質同，其德義嗜欲同」。[96]康有為認為女子最有功於人道，「凡此皆世化至要之需，人道至文之具，而其始皆自女子為之！」[97]而「人道愈野蠻，婦女愈遏抑」，婦女地位之高低，則標示出人類社會

---

[94] 以上引言見《長興學記》，頁 3。
[95] 《孟子微・總論第一》，頁 106。
[96] 《大同書・戊部》，頁 180。
[97] 同前註，頁 204。

文明與野蠻的程度，女子地位不能提高，意味著社會就不能得到發展。

在傳統儒家經典中，少有政治意義的「平等」觀念。康有為結合當時社會的需要，在傳統經典上輸入大量政治平等觀念。並指出隨著三世進化，人們也將獲得平等之權。

康有為言「自主平等，乃孔子立治之本」，[98]指出孔子是平等思想的開創者，並進一步讚美孔子的功業：

> 自孔子創平等之義，明一統以去封建，譏世卿以去世官，授田制產以去奴隸，作《春秋》，立憲法以去君權……此孔子之非常大功也。[99]

上論實將孔子鑄造為西方平等思想的代言者。儒家觀念中人皆由天生，是不分貴賤的，因此生命平等，人身平等，因此康有為認為「升平世」和「太平世」之所以稱為「平」，就是由於其特徵在於「平等」。孔子之倡平等，實因「孔子以群生同出於天，一切平等，民為同胞，物為同氣，故常懷大同之治，制太平之法」。[100]康有為闡釋孟子思想時也指出：

> 人人性善，堯舜亦不過性善，故堯舜與人人平等相同，此乃孟子明人人當自立、人人皆平等乃太平世之極。[101]

---

[98] 《中庸注》，頁 23。
[99] 《大同書・丙部》，頁 162。
[100] 《禮運注》，頁 8。
[101] 《孟子微・總論第一》，頁 119。

人人皆可成為堯舜，這是孟子主張「性善」的真義，而人人自立、平等才是「太平」、「大同」的境界。因此康有為主張隨著人類不斷的進化，人們也會逐漸得到平等之權。「據亂世」人民不能享有公權，是「親親」的時代；到了「升平世」，是「仁民」的時代，人民之間已逐漸平等，但家族之間並未完全平等，人民一旦犯罪，仍要削除公權；到了「太平世」，一切不自由不平等將不復存在。

康有為為了反封建，宣傳平等，刻意扭曲事實，將孔子塑造成平等思想的開創者。實際上，孔子提倡「君君臣臣父父子子」尊卑有序，這樣的等級界線並不能超越，因此，人與人之間不可能是完全平等的。

3. 闡明不侵犯他人之「自由」義

「自由」對康有為而言，有自身天賦的自由和不侵犯他人自由兩種含意。

康有為在《大同書》中闡明人人有天賦之「自由」：

> 人人有天授之體，即人人有天授自由之權。故凡為人者，學問可以自學，語言可以自發，游觀可以自如，宴饗可以自樂，出入可以自行，交合可以自主。[102]

此種人人公有的權利，不可被剝奪，否則是違背天理的。康有為指出「獨立自由之風，平等自由之義，立憲民主之法，孔子懷之，待之平世而未能遽為亂世發也」，[103]認為孔子那

102 《大同書・戊部》，頁 190。
103 《孟子微・總論第一》，頁 131。

裡早就有自由思想，只是未發而已。對於子貢之言：「我不欲人之加諸我也，吾亦欲無加諸人。」此一語康有為認為最符合自由之義，並指明「近者，世近升平，自由之義漸明，實子貢為之祖，而皆孔學之一支一體也」。康氏細加以闡述：

> 子貢不欲人之加諸我，自立自由也；無加諸人，不侵犯人之自立自由也。人為天之生，人人直隸於天，人人自立自由。……人各有界，若侵犯人之界，是壓人之自立自由。[104]

認為個人自由必須以不損害他人的自由為前提，否則就不是真正的自由。而真正的「人類公理」應是人人獨立，人人平等，人人自由，人人不相侵犯，人人交相親愛。康有為此種主張實從儒家「自由」觀出發，而以西方的自由觀作註腳。

這樣的自由觀實際上是康有為藉孔子宣傳自己的思想。康有為認為「自由」的理念，儒家早已有之。早期儒家並不主張壓抑人的個性、剝奪人的自由，所反對的，是那種損害別人自由權利的所謂「絕對自由」。因儒家思想中存有某些束縛人們言行的因素，被後世儒家所發揮，因而限制了人們的自由，而傳統封建禮教就是這樣情形下的產物。

康有為是近代第一位主張以「人道」來破除「三綱五常」，維護人天賦的自由平等之權的思想家。他將經典中的人本精神傳統與西方的人道學說進行嫁接，用「托古改制」

---

104 《論語注・公冶長》，頁 111-112。

的手段，把孔子鑄造為鼓吹博愛、平等、自由思想的化身，在儒家經典中充分發掘這些觀念。他曾說：

> 《論語》曰：「仁者愛人，泛愛眾」。韓愈〈原道〉猶言「博愛之謂仁」，〈大學〉言平天下，曰「絜矩之道」，《論語》子貢曰：「我不欲人之加諸我也，吾亦欲無加諸人。」豈非所謂博愛平等自由而不侵犯人之自由乎！[105]

他認為法國的博愛、平等、自由等人道主義學說，並非新奇之物，只是儒家經典之淺說，為西方思想塗上了儒家文化的油彩，無疑是為了強化變法改革的合理性。但康有為「以身為本」、「依人為道」的人道主義價值觀，否定程朱理學「存天理、滅人欲」的道德人格價值觀，及天賦人權思想對封建制度的批駁，對後來的思想家頗具啟蒙意義。

(二)嚴復強調自由平等的人權主張

嚴復把進化譯為「天演」，並用人權思想來解釋天人關係。人類社會的公理，來自「天」，因而主張天賦人權，強調人應有的權力、尊嚴和自由。嚴復認為社會的不平等，人民的不自由，是導致中國衰敗的主要原因。

在論及自由之權時，指出「惟天生民，各具賦畀，得自由者乃為全受」，自由是人受之於天的基本權利。嚴復並把這種天賦權利稱為「天直」，他說：

---

[105] 康有為，〈以孔教為國教配天議〉(收在湯志鈞編，《康有為政論集》，北京：中華書局，1981)，頁 845。

> 天直者何？人人所受自由之封域。其一身自由，而為社會所認同者，謂之一民。一民之享是自由封域也。自其所主之產業，所受之利益而，見之故法典認其人有主物之天直，復由主物之天直，而得通物交易之天直。[106]

自由即自我主宰，擁有自由之人民將享有的各種權利的表現，包括社會政治權利、經濟權利等等。因此自由不僅是人的天賦權利，還是其他天賦權利的保證。享有自由的人，其所有稟賦才得以發揮，具有完全的和現實的意義。所以，人的所有賦性，只有在得到自由的前提下才能稱為「全受」。

「故人人各得自由，國國各得自由，第務令毋相侵損而已」，人人都能自由，才是國家富強康樂的基石。由此可知嚴復認為個人自由是國家自由的基礎。

「侵人自由者，斯為逆天理，賊人道」，[107]自由神聖不可侵犯，任何侵犯人的自由的行為都是不合理的。嚴復所強調的自由，並非是放肆無忌憚，而是必須以他人自由為界，不可侵害他人的自由才可。由此延伸，嚴復認為政府對人民的干涉應有一定的限度，[108]在道德民俗的許可範圍之內，個人

---

106 〈述黑格爾惟心論〉，《嚴復集》，第一冊，頁221。

107 〈論世變之亟〉，《嚴復集》，第一冊，頁2-3。

108 嚴復按語曰：「凡可以聽人民自為者，其道莫善於無擾。顧國家開物成務，所以供民用者，又有時不可以諉，諉之則其職溺矣。約而言之，其事有三。一、其事以民為而費，以官為之則廉，比如郵政電報是也。二、所利於群者大，而民以顧私而莫為，比如學校之廩田，製造之獎勵是也。三、民不知合群，而群力猶弱，非在上者為之先導，則相顧趦趄，此則各國互異，而亦隨時不同。為政者，必斟酌察度，而後為之，

的言論及思想應受到尊重，不被干涉。他說：「思想、言論，修己者之所嚴也，而非治人者之所當問也，問則其治淪於專制，而國民之自由無所矣。」[109]雖如此，個人對自己的思想及言論，也應有適當的節制，以免危害到整體的生存和發展。

「自由既異，於是群異叢然而生」，正是由於自由的差異，才導致了中國與西方的種種差異，「中國最重三綱，而西人首明平等；中國親親，而西人尚賢；中國以孝治天下，而西人以公治天下；中國尊主，而西人隆民。」[110]其中嚴復指出「平等」之深意。

平等即是人人都享有的基本權利。嚴復在解釋孟德斯鳩言：「人自保其身者，有格鬥之權，雖不得已而至於殺，不為罪也。而國家求之自存，有宣戰之公法，雖至於滅，非不仁也」時，深表贊同說：「此數語，平等之精義也。脫非平等，則其義不可通矣。」可知其主張人是生而平等的，沒有人有權利殺害他人。

人民的平等與否更是決定國力高下的關鍵，嚴復說指出：「三百年來，歐之所以日興，而亞之所以日微者，世有能一言而通其故者乎？……夫歐亞之盛衰異者，以一其民平等，而一其民不平等也。」而不平等現象，在中國則更為明顯，嚴復說：「印度有喀斯德，高麗有三戶，中國分滿漢

得以利耳。」（亞當斯密，《原富・戊部篇一》，台北：臺灣商務印書館，1977，頁 724。）政府只可做此三事，其餘各事，皆由人民自由為之，政府不得加以干擾。

109 《法意》按語，頁 271。

110 〈論世變之亟〉，頁 3。

矣。而分中又有分焉，分則不平。」因此導致國力衰微，甲午之戰「手足相救之情，不可見矣」。因此嚴復指出「三綱」中，臣妻子一味以順從為天職，只知向君夫父奉獻，無做人的起碼權利，極不平等。嚴復對「夫綱」抨擊尤烈，他說「中國夫婦之論……為人道至苦」，自《烈女傳》、《女誡》傳世以來，對婦女「待之以奴隸，防之以盜賊，責人以聖賢」，[111]這是極不平等的現象。因此他要求婦女「讀書」、「閱世」，走出家庭，參加社會生產勞動，受近代新文化教育。

嚴復之所以提倡自由、平等的人權思想，實為中國民主政治鋪路。只有建立在自由和平等的人權基礎上，才有助於中國人民認清封建制度的實質，才能真正促進民主政治的建立和鞏固。

二、更新國民道德的重智、重德主張

(一)康有為發揚重智觀的「智體仁用」說

康有為在向西方尋找真理的過程中，讀到培根（F. Bacon,1561-1626）「知識就是力量」的觀念，「泰西變法自培根至今五百年，治藝乃成者，前無所昉也。」[112]因此更新了他對智學的認識。他從培根重智的觀念和西方國家的成功經驗得到啟發，認識到西方社會是以智力為中心的理智型社

111 以上引言見《法意》按語，頁192、195、1018。
112 《日本變政考》卷九按語，頁234。

會，中國社會是以仁義為中心的倫理型社會。並將智學和物質之學統一起來，提出「開民智」、「發展工業」以救國的新主張。

何謂「智」？儒家傳統言智，大多偏重在道德實踐上的智慧才能。孔子嘗言：「智者不惑，仁者不憂，勇者不懼。」[113]不惑就是明於事理。「樊遲問仁，子曰：愛人。問知，子曰：知人。」[114]又「不知言，無以知人。」[115]智者能知人、知言，判斷別人的善惡真偽，便能通權達變。「仁者安仁，智者利仁」，[116]智者意識到行仁有利於己，因此行仁。孔子所說的「智」，就是一種判斷是非善惡的聰明能力，一種實踐仁過程中的才能，所以要成為仁者，就必須具備智的能力。所以儒家哲學是「以仁為本，以智為輔」的哲學。

不同於儒家說法，康有為把仁智並列，並提出以智為重的論點，反對孟子仁義並舉。

康有為認為孔子思想中有「仁」和「智」兩個基本點，又提出「孔子之仁，專以愛人類為主；其智，專以除人害為先，此孔子大道之筦轄也」的觀點。[117]因而反對孟子「仁義」並舉，希望藉由「智」而達「仁」，他指出「《論語》多以仁智並舉，不以仁義並舉，荀子以仁智並舉，孟子則以仁

113 《論語・子罕》，卷 9，頁 211。
114 《論語・顏淵》，卷 12，頁 282。
115 《論語・堯曰》，卷 20，頁 444。
116 《論語・里仁》，卷 4，頁 89。
117 康有為，《春秋董氏學》（收在劉夢溪編，《中國現代學術經典——康有為卷》，河北：河北教育出版社，1996），頁 257。

義並舉矣。」[118]康有為指出孟子「養氣知言，故傳孔子之道」，[119]而「知言」何謂也？即「知言大智也，惟大勇大智，而後能擴充其不忍之心，以保四海，所謂大仁也。」[120]康有為推崇「知」、「知言」，而不是「義」，指出了「智」的重要，智是仁的前提。又對「養氣」加以闡發，指出孔子言：「若魂氣則無不知，又曰知氣在上。」[121]「知言」屬於「智」的範疇，至於「養氣」也是「知」的表現，就此而言，康有為的觀點實近於荀而遠於孟。

「知」在人性上也占重要地位。康有為指出「性者，人之靈明，稟受於天，有所自來。……或稱『明德』，又曰『德性』，精言之謂『神明』，粗言之曰『魂靈』，其實一事也」，康有為提升了「知」在人性中的地位，而將「知氣」與「德性」、「神明」、「魂靈」相等同，並且認為君子之性是由「積仁積智而習成」。[122]

所謂的「仁」，康有為認為是一種「知覺」、「見覺」的發用，人之所以能愛人，皆由不忍人之心，若無「知覺」、「見覺」，則「仁」將不會發用，所以「仁」的發用必須以「智」為前提，康有為因此提出「智體仁用」的主張，推翻了朱熹「仁統四端兼萬善」的舊說。康有為說：

> 既乃知人道之異於禽獸者全在智，惟其智者……夫曰

---

118 《萬木草堂口說》，頁 191。
119 《孟子微・自序一》，頁 99。
120 《孟子微・總論第一》，頁 140。
121 《孟子微・性命第二》，頁 147。
122 《孟子微・總論第一》，頁 135。

> 以人而言，有智而後仁義禮信有所呈，而義禮信智以之所為亦以成其仁，故仁與智所以成終成始者也。

因此「仁智同藏而智為先」，[123]強調智在社會倫理學中的先行意義。

「智」從何而來？康有為認為畏懼與愛惡都是產生智的驅動力，智不是天生，是生活經驗的累積，人人都能通過學習與實踐獲得「智」。

不同於孔子「或生而知之，或學而知之，或困而知之」，聰明才智是天生的說法，[124]康有為指出：「哀懼之生也，自人之智出也。魂魄足矣，腦髓備矣，知覺於是多矣，知刀鋸水火之足以傷生也，於是謹避之。」[125]在生存奮鬥的過程中，遇困難而生畏懼而急中生智，因此，智是人類後天認識自然、改造社會的經驗和智慧的累積。而且康有為更視智和愛惡為一體兩面。他指出：

> 然則人與禽獸何異乎？曰：異於其智而已，其智而愈推而愈廣，則其愛惡愈大愈有節，於是政教禮義文章生焉，皆智之推也。故人之性情，惟有智而已，無智則無愛惡矣，故謂智與愛惡為一物也。

上論指智是一種性情中的內在動力，對欲望有節制的能力，「存於內者，智也；發於外者，愛惡也」。[126]由此可知，智並

---

123 《康子內外篇》，頁 24。
124 《論語・季氏》，卷 16，頁 378。
125 《康子內外篇》，頁 9。
126 《康子內外篇》，頁 11。

非天生，人透過學習便能獲得知識，形成智慧，一反孔子「為上智與下愚不移」論，康有為指出廣大民眾透過學習也能成為智者，智不再是少數菁英獨有的領地。智是存在於億萬世人的腦中，「合萬億人之腦而智日生，合億萬世之人之腦，而智日益生，於是理出焉」，人類由智進而掌握「物理之所以然」和「人理之當然」的世界。至此，智不再是單純為仁服務，而是擴大到創造物質文明和精神的一種力量。

仁是進化的原動力，而「智」幾乎等同於「仁」，「能仁」即「能智」，那麼「智」在進化中實占重要地位，被康有為視為改造人類自身和征服自然的救國利器。「上古人與獸爭」，而「人智則獸滅」，可見人決勝的關鍵就在於「智」。康有為指出：

> 上古之時智為重，三代之世禮為重，秦漢至今義為重，後此之世智為重，所重孰是？曰智為上，禮次之，義為下。何也？曰仁愛，愛之智也，愛之斯安之矣。[127]

指出當今是競新爭智之世，必須先提高對智的重視。因此，康有為對智做出近於科學的解釋，認為「惟智能生理」，智為人類創造物質財富和精神財富的有利工具，因此「能造作飲食宮室衣服，飾之以禮樂政事文章」，[128]進而能認識世界萬物之理。康有為更指出：「治競長之世以動，務使民心發

---

[127] 同前註，頁 25。

[128] 同前註，頁 23-24。

揚，爭新競智，而後百事皆舉，故國強。」[129]對「智」重視，國家才能富強，暗示了清末中國自救的關鍵，就在於「智」。康有為還指出即使到了「太平世」，「智」仍有其重要性。他指出「太平世，眾生如一，必戒殺生」，戒殺生的理由就在於「當時物理化學日精，必能制物代肉」。[130]因此，仁雖然是進化的方向和指標，但還要借助西學、科學、「智學」的力量，否則太平世是永遠不會來。康有為並預言：「至於太平大同之世，則人人皆成上智，而無下愚矣。」

戊戌變法失敗後，康有為流亡海外，遍遊世界各地，意識到「新世界」已不同於以往數千年之農業社會，而是「已入工業之世界矣，已為日新尚智之宇宙矣」。[131]西方各國已不可同古之夷狄相提並論，「今泰西諸國，以治法相，競以智學相上，此誠從古諸夷之所無也」。[132]康有為指出：「近者洋人智學之興，器藝之奇，地利之闢，日新月異。今海外略地已竟，合而伺我，真非常之變局也。」[133]認為西學就是「智學」、科學，外國強盛都在「智學之興」，康有為更悟出智學的中心實在「物質之學」。

從世界各國的興亡史中，康有為歸納出「物質之學是富國強兵之道」的規律，重物質之學者則國家興盛，輕物質之學者則國家衰亡。而中國之所以病弱，原因就在不重視物質

---

129 〈請開制度局以統籌大局革舊圖新以救時艱折〉，《杰士上書匯錄》，卷二，故宮博物院藏內府抄本。

130 《孟子微・總論第一》，頁 112。

131 〈請勵工藝獎創新折〉，《政論集》，頁 288-290。

132 〈上清帝第四書〉，《政論集》，頁 149。

133 〈上清帝第一書〉，《政論集》，頁 53。

之學，「中國數千年之文明實冠大地，然偏重於道德、哲學，而於物質最缺」。[134]尤其近二百年來，而外國人因物質之學大興，日趨富強，而能「海外略地」，而中國仍沉溺於陳舊的道德哲學。物質之學是「新世界政俗之源本」，「不從物質學措手，則徒用中國之舊學固不能與之競」，康有為並非輕視道德哲學，主張捨棄中國傳統的道德文明。而是他認為物質之學是富強的基礎，中國若只是強調道德哲學，則流於空洞說教，「道德文明可以教化至也，文物之文明不可以空論教化至也」。[135]當今之計唯有強調重智的「物質之學」，中國的富強才得以實現。

一個國家是否重視智學，是關係到民族興衰存亡的大事，因此康有為極力主張學習西方，大開民智。西方重智學而興盛，中國輕智學而衰弱，康有為環顧世界後得出結論「泰西之所以富強，不在炮械軍兵，而在窮理勸學」，又「才智之民多則國強，才智之士少則國弱，土耳其天下陸師第一而見削，印度崇道無為而見亡，此其名效也」。[136]在諸國競爭中，教育、科技水平和人才多寡已成了決定國家強弱一個關鍵性因素。因此，我們要在近代新的國際環境中求生存和發展，應「去愚尚智，棄守舊，尚日新，定為工國，而講求物質」，[137]也就是必須從「廣設學校，大開民智」、「鼓勵科技，發展工業」兩方面入手。

---

134 《物質救國論・序》，《政論集》，頁 7。

135 《物質救國論》，頁 62。

136 〈上清帝第二書〉，《政論集》，頁 130-131。

137 〈請勵工藝奬創新折〉，頁 289-290。

「開民智」不僅在造就少數的知識菁英，還包括提高廣大勞動者的智慧，也惟有廣開民智才能發展農工商業，才能提高競爭的能力，抵禦外侮。康有為這樣的主張走向近代普及教育，全面提高全民素質的新境界。他從美、西戰爭中看出「今萬國之勢，競智而不競力，競生徒不競兵伍。」[138]因此，在「百日維新」期間，康有為建議光緒帝廢除八股取士的制度，並「遠法德國，近采日本」制定新的教育制度，興辦各級各類新式學堂，以求各國「通方之學」、「有用之學」的科學技術，[139]這乃是「開四萬萬人之智」、培養新式人才的重要途徑。不僅如此，在康有為的太平大同世界，也非常重視開人智之法，懸重賞特別鼓勵科學技術發明創造。公政府設有獎智院，並出資幫助科學家，對於「開人智」者，更給予智人、哲人、聖人的榮銜和金錢的獎賞。可見康有為把「開明智」的教育工作視為變法救國的重要方針。

世界各國「立科以勵智學」，[140]因此教育、科技日新月異，人才輩出。中國想成為工業國，就必須拋棄長久以來「輕工藝」的傳統思想，努力發展「日新」、「尚智」的科學技術，「科學實為救國的第一事」。[141]康有為指出士大夫們「詆奇技為淫巧」、「斥機器危害心」的思想言論，實則是閉關自守的落後農業國的「無知無欲」之謬說。只要中國能「舉國移風，爭講工藝。日事新法，日發新議」，「一轉移

---

138 康有為，《教學通義》（收在劉夢溪編，《中國現代學術經典──康有為卷》，河北：河北教育出版社，1996），頁 83。

139 〈請廢八股試帖楷法試士改用策論折〉，《政論集》，頁 271。

140 〈上清帝第四書〉，《政論集》，頁 149-151。

141 《物質救國論》，頁 90。

間」即能「民智大開，物質大進」，從而「立國新世」，「無敵於天下」。[142]康有為這樣的見解，在近代思想史上具有開創的意義。

要救中國，只有維新，要維新，只有學習外國「大開民智」，如此中國才能富強。康有為因而對智的概念進行了新的省思和建構，高唱重智主張，結合西方「物質之學」，賦予它振興中華民族的新含意。

(二) 嚴復塑造國民新道德的「三民」主張

嚴復在〈擬上皇帝書〉中強調改革必須從「標」和「本」兩方面著手。「標者在夫理財經武擇交善鄰之間，本者存乎立政養才風俗人心之際」，[143]對於洋務派的「變法」模式，吸取西方國家的工商技術來改變中國的落後狀態，實行社會、政治、經濟結構的變法，嚴復認為這只是應急的「治標」方式。要中國持久富強，能與西方國家並駕齊驅，就必須進行最根本文化心理結構的變法，這才是「治本」。也就是嚴復認為「變法」還不如「變心」，所謂「變心」，即是價值觀念的改變。因此，嚴復根據進化論及斯賓塞的觀點提出「鼓民力、開民智、新民德」的主張，根本宗旨是要提高中國全人民的基本素質。

根據進化論，嚴復認為人們在進化中必須主動的同自然環境和社會環境進行抗爭，人類才能前進。他說：「人欲圖存，必用其才力心思，以與是妨生者為鬥。負者日退，而勝

142 〈請勵工藝獎創新折〉，頁 290。
143 〈擬上皇帝書〉，《嚴復集》，第一冊，頁 65。

者日昌，勝者非他，智、德、力三者皆大是耳。」[144]而基於斯賓塞「把社會看成一個生物有機體」的見解，嚴復也指出「一群之成，其體用功能無異生物之一體。」[145]因此，「凡物性質，視其質點之何如，自人為團體至於天生動植，乃及人群莫不如此。」[146]只要致力於每一份子素質的提升，群體的力量便可提升，向「善」、「富強」之路邁進。又斯賓塞在〈勸學篇〉指出一個國家的強弱存亡，是由這個國家的國民「血氣體力」、「聰明智慮」、「德行仁義」，即力、智、德三者的強弱高低來決定。嚴復根據斯賓塞之言指出：

> 蓋生民之大要三，而強弱存亡莫不視此：一曰血氣體力之強，二曰聰明智慮之強，三曰德行仁義之強。是以西洋觀化言治之家，莫不以民力、民智、民德三者斷民種之高下。

「力、智、德」於是成為嚴復評斷民族「品質高下」和「國力盛衰」的標準。西方因其民力、智、德三者皆優，所以富強；而中國「民力已苶，民智已卑，民德已薄」，[147]因而貧弱。因此，嚴復指出中國想在各國環伺的生存競爭中保種生存，就必須「鼓民力、開民智、新民德」。

汪榮祖先生指出：「民智、民力、民德，其詞其意一再出現於嚴復的詩文，以及私人書信中，可稱之為嚴復『三民

---

144 《天演論・最旨》按語，頁 1352。

145 〈原強〉，頁 7。

146 見嚴復之眉批（《群學肄言・喻術第三》，台北：臺灣商務印書館，1970，頁 40）。

147 〈原強〉修訂稿，頁 18、20。

主義』。」更指出:「富強只是他所追求的表象,他最重視的根本應是『民智』、『民力』、『民德』的提升,如果這三項追求不到,追求永無可能,僅僅是一場春夢而已。」[148]因此,嚴復在探討倫理學一系列問題時,往往將民力、民智、民德問題擺在重要的位置。

嚴復從君權制度、自由、功利與道義等層面,論述改造人民素質以達富強的迫切性。「君權制度」方面,嚴復指出不能貿然廢除君主,實因「其時未至,其俗未成,其民不足以自治也」、[149]「君權之重輕,與民智之淺深為比例」[150]。嚴復並不反對民主政治,但多次強調:「民主者,法制之極盛也……斯民之智、德、力常不逮此制也。」[151]貿然變更國體,實施民主,將是大亂之道。在論述「自由」問題時,也指出「社會之變象無窮,而一一基於小己之品質」。[152]人民素質是自由與否的關鍵,更是富強之路的先決條件。嚴復指出「顧彼民之能自治而自由者,皆其力、其智、其德誠優者也。」[153]必須提高人民德、智、力三方面的基本素質,才能增進提高人民的自治能力;只有具備相當的自治能力,方能享受自由,從而使國家走向富強。在談論「功利與道義」問題時也說:「但民智既開之後,則知非明道則無以計功,非

---

148 汪榮祖,〈嚴復的翻譯〉,《中國文化》,第九期,1994.2,頁117-123。
149 〈闢韓〉,《嚴復集》,第一冊,頁34。
150 〈中俄交誼論〉,《嚴復集》,第二冊,頁475。
151 《法意》按語,頁957。
152 〈《群學肄言》譯餘贅語〉,《嚴復集》,第一冊,頁126。
153 〈原強〉修訂稿,頁27。

正誼則無以謀利」，[154]由此可知，嚴復認為中國當務之急是要提高人民力、智、德這三方面的素質，此「三民」主張實在嚴復的思想中占有重要地位。試分述之：

1.「鼓民力」——廢除吸鴉片與纏足陋習

「鼓民力」所討論的是中國的強種問題。嚴復認為，「一國富強之效」,「以其民之手足體力為之基」，要中國富強與列強爭勝，必須先讓國民有強健的體魄及過人的耐力才行。鼓民力即是提高中國人民的身體素質。

自漢以來，「中國禮俗，其貽害民力而坐令其種日偷者，由法制學問之大至於飲食居處之微，幾於指不勝指，而沿習至深，害效最著者，莫若吸鴉片、女子纏足二事」。[155]嚴復先對中國的封建制度提出抨擊，而至今日，影響最大的莫過於吸食鴉片與裹腳的惡習，這兩大戕害民力的陋習，正是使中國「種以之弱，國以之貧，兵以之窳」的原因。

改革吸食鴉片與裹腳的惡習，如此民心才能達到勇與忍的地步，此乃變法之先決條件。嚴復指出飲食養生之事，極為重要，「此其事不僅施之男子已也，乃至婦女，亦莫不然」，又婦女纏足直接影響下一代的身心健康，因為胎兒在母體中的發育與母體健康有直接關係，「母健而後兒肥，培其先天而種乃進也。」嚴復要求禁除一切有害人民身體健康的醜陋社會習俗，增強人民身體的素質，使中國人的體魄強健起來，如此才能增國力。嚴復更指出若不能根除吸食鴉片

---

154 《天演論・群治》按語，頁 1395。

155 〈原強〉修訂稿，頁 28。

和婦女纏足等惡劣的社會習俗，那麼，「言變法者」，不過「空言而已矣」。

2.「開民智」——廢科舉、講西學

所謂「開民智」，就是要提高人民的「聰明智慮」，基本主張是講西學、廢科舉。

因為「民智者，富強之源」，要使中國富強，就必須提升民智才得以和列強並駕齊驅，所以「三者又以民智為最急也」。[156]嚴復指出「民智既開，如下令如流水之源，善政不期舉而自舉，且一舉而莫能廢。」[157]只有提高民智，才能增進民權。嚴復認為「以今日民智未開」情況下，貿然實行民主共和是有害的，立即實行君主立憲也是無益的。

嚴復認為晚清社會目前愚、弱、貧三者並行，都在必須治癒之列。而三者之中，尤以癒愚為最先。清朝政府之所以衰敗，其主因乃是愚民政策造成民智未開的結果，所以，改革正應該從思想改革著手。嚴復指出那些漢學家們，「此追秦漢，彼尚八家」，終日「東漢刻石，北齊寫經」，那些宋學家們，「侈陳禮條，廣說性理」，終日「褒衣大袖，堯行舜趨」，然而「一言以蔽之」，就是「無用」、「無實」。這些無益於救亡圖存和富強之效的中國學問、理學都應「束之高閣」，予以摒棄。因此，從「癒愚」的教育文化工作做起，國家才不會滅亡。最有效的方法就是拋棄傳統文化中的「八股取士」糟粕，大膽吸收西方先進的「科學」文化。

---

156 同前註，頁 14。

157 《天演論・烏托邦》按語，頁 1339。

「民智」的培養，首要條件在於開拓知識份子的視野，而欲達其功，則必廢科舉制度，「如今日中國不變法則必亡是已，然則變將何先，曰莫亟於廢八股」。嚴復首先指出了八股「錮智慧、壞心術、滋游手」三大害，因此「使天下消磨歲月於無用之地」，「墮壞志節於冥昧之中」。[158]因此從開民智入手，廢除八股制度，乃是改造中國社會的第一步工作。

「錮智慧」是八股文第一害。科舉制度下的士子，鎮日埋首書堆強背死記，根本無任何學術可言，一旦爬上高位，處理國事，謬妄糊塗，究其原因便是八股禁錮了知識份子的智慧。「壞心術」之害，除了指八股取士敗壞人才的培養外，更揭櫫知識份子為了求取功名不擇手段的醜惡心態。「滋游手」之害，實因中國獨重讀書人，讀書人無任何生產能力，更多不事勞動，遊手好閒的「蠹蟲」，徒造成國家的負擔。因此科舉考試所培育不出真正的人才，這些人才不單不能救國，更有害國家。因此，科舉八股不能不廢。

嚴復有指出以晚清當時民智之劣，欲使人民跳脫愚民政策的桎梏，必須積極引進西學，鼓吹實用至上的學風，「欲開民智，非講西學不可，欲講實學，非另立選舉之法」，[159]而在西學中，嚴復認為「格致」（即自然科學）尤為重要，更應大力提倡和普及。他指出：「求才為學，二者皆必以有用為宗。而有用之效，徵之富強，富強之基，本諸格致。」[160]主張以西方重實用的科學方法代替傳統教育來開導人民，且

---

158 〈救亡決論〉，頁 44、40、43。

159 〈原強〉修訂稿，頁 30。

160 〈救亡決論〉，頁 43。

國民在追求國家富強時，農、工、商、兵等變法措施必須本於西學的格致，也就是本於科學的原理，而這背後的科學知識才是富強的根源。

3.「新民德」——發揚愛國精神

嚴復認為「新民德」這是「尤為三者之最難」之事，[161] 所謂「新民德」就是要去除國民道德上的「奴性」，提倡自由，講求民主，發揚愛國精神，樹立新的社會風尚。

嚴復分析中國人民道德敗壞的原因：

(1)「奴性」造成人民無愛國心

西方的國民則具有較強的參政意識，關心國家事物。中國封建統治者歷來「大抵皆以奴虜待吾民」，從不允許人民議政、關心國事，且「使民而圖社會之事，斯為不安本分之小人」，[162]庶民百姓「亦以奴虜自待」只知道賣力氣為生。[163] 人民無權參與國家政治活動，人民就自然「以自營為唯一之義務」，「舍己私之外，又安所恤」？[164]久而久之，成為整個社會的道德習性。

(2) 清末教育不普及，人民自私自利

嚴復指出清末的學校，除了當成科舉制度的附屬機關

---

[161] 〈原強〉修訂稿，頁 30。
[162] 《法意》按語，頁 994。
[163] 〈原強〉修訂稿，頁 31。
[164] 《法意》按語，頁 994。

外，根本無法發揮教育的功能。一些尚存的殘餘學校，「亦不過擇凡民之俊秀者而教之」，一些「窮簷之子」、「編戶之氓」，根本無緣受惠於學校，更遑論社會教育。因此人民在失教的情形下，養成只知自身利益而罔顧國家民族安危的心態，甚至做出違背情理，禍及國家之事。嚴復指出甲午一戰的情況：

> 曩甲午之辦海防也，水底碰雷與開花彈子，有以鐵滓沙泥代火藥者。洋報議論，謂吾民以數金錙銖之利，雖使其國破軍殺降喪師不顧，則中國今日之敗，他日之危亡，不可謂為不幸矣。[165]

此為少數人的小利，而置國家於不顧的情形，在當時西方列強不斷侵擾的局勢下，真是不勝枚舉。

（3）缺乏宗教的教化之功

嚴復指出基督教對西方文化有主宰民心的效用，因此其民道德日益高尚。他陳述：

> 今為微論西洋宗教如何，……人無論王侯君公，降而至於窮民無告，自教而觀之，則皆為天之赤子，而平等之義以明。平等義明，故其民知自重而有所勸於為善。[166]

人的心有信仰的主宰，才能萌生平等之觀念，產生警惕之

[165] 〈原強〉修訂稿，頁 30。
[166] 同前註。

心，不畏威勢、不畏利誘，且內省不咎。嚴復認為，西方宗教的力量要求人民「不愧屋漏」、「束修自好」等主張，實和中國君子道德修養的方法，沒有什麼不同。

晚清社會之民德已敗壞如此，因此當務之急必須從「道德教育」著手。嚴復主張對國民進行道德教育的目的，是要人民把自己的命運同國家的安危緊密結合，自覺的投身於救亡圖存、富國強兵的改革運動中，除此之外，也是為了使國民能享有某些民主的權利。

空談「正人心」是無濟於事的，嚴復指出「西洋今日，業無論曰兵農工商，治無論家國天下，蔑一事焉不資於學」。[167]他認為西方國家所以強盛，其根源就在於這些國家重視道德教育。而中國欲開民智、新民德，必須借助道德教育。這一點在他有一次和孫中山談話中說的很清楚。1905年孫中山在倫敦會見嚴復時說：「君為思想家，鄙人乃實行家也。」嚴復卻回答說：「為今之計，惟急從教育上著手。」[168]可見其對教育工作的重視。

孟子認為「飽食暖衣，逸民而無教，則盡於禽獸。」[169]嚴復認同此說，指出道德是教育之中的根本，也是區別禽獸的關鍵，更是推動歷史前進、決定治亂盛衰的力量。因此，嚴復十分重視道德教育，其目的就是為了借由此改造國民性，回復「民德歸厚」的風氣，使人民深具愛國心，視國家、個人為一體，國家富強才有希望。

---

[167] 〈救亡決論〉，頁 48。

[168] 嚴秋塵，〈嚴幾道先生〉，《人間世》，第十九期，1934，頁 63。

[169] 《孟子・滕文公上》，卷 5 下，頁 238。

道德教育應從「去國民奴性」、「宗教淨化人心」兩方面著手。

首先要去除國民的「奴性」，進而產生愛國心。嚴復比較中西兩方的道德教育指出：

> 西之教平等，故以公治眾而貴自由；自由，故貴信果。東之教立綱，故以孝治天下，而守尊親；尊親，故薄信果。然其流弊之極，至於懷詐而欺，上下相遁，則忠孝之所存轉不若信果者之多也。且彼西洋所以能使其民皆若有深思至愛於其國與主，而赴公戰如私仇者，則亦有道矣。

從中西方國民道德的對比中，嚴復意識到，應該像西方國家那樣，用西方民主、自由、平等、博愛的道德觀念，取代中國傳統封建制度和倫理道德，逐漸培養人民的民主素養，如此人民愛國如愛其家，愛主如愛其身，這才是道德教育應尋的方向。回顧中國的現況，嚴復更一步將「民德」同變革封建君主專制、提倡民權建立起來。嚴復言：

> 居今之日，欲進吾民之德，於以同力合志，聯一氣而禦外仇，則非有道焉，使各私中國不可也。……然則使各私中國奈何？曰：設議院於京師，而令天下郡縣各公舉其首宰。是道也，欲民之忠愛必由此，欲教化之興必由此。[170]

---

[170] 〈原強〉修訂稿，頁31。

上論指出設議院、興民權乃是增進民德、提高愛國心的唯一途徑，這一主張，在當時是十分可貴的。

其次，嚴復也主張運用宗教的力量淨化人心，對國民進行道德教育。在他看來，西方的宗教與道德教育的關係非常密切，宗教不僅利於道德教育的實施，更可以以「與人為善」的教義來「扶人性之偏」。嚴復指陳：

> 今假景教大行於此土，其能取吾人之缺點而補苴之，殆無疑義。且吾國小民之眾，往往自有生以來，未受一言之德育。一旦有人焉，臨以帝天之神，時為耳提面命，使知人理之要，存於相愛而不相欺，於此教化，豈曰小補？[171]

上言指出嚴復主張在晚清當時大力推行基督教，利用宗教的力量來改變國民自私自利的劣根性。嚴復並指出「宗教為物，其關於陶鑄風俗者，常至深遠」，[172]宗教還可以陶冶風俗習慣，使各民族產生不同的道德水準，因此宗教對於新民德是有助益的。

嚴復一方面揭露國民素質的弱點，一方面致力於塑造國民的新形象，投身國民素質的啟蒙工作。嚴復在理論上提出「鼓民力、開民智、新民德」的啟蒙「三民」主義，視「三民」為治本之舉，希望藉由提高國民素質的方式，以達救國強國的願望。這樣的主張實開啟了中國近代改造國民性的風潮，梁啟超關於「興民權當以開民智為第一義」、「新民說」

---

171 《法意》按語，頁 993。

172 同前註，頁 1014。

的思想，和五四運動中「改造國民性」的口號，明顯是受了嚴復的影響。

小結

傳統倫理在康有為、嚴復的改造下，有了不同的面貌。他們在近代科學科學的影響下，從宇宙萬物的究竟來談社會人世和政治的道理。再加上對西方政治及倫理學說的理解，及本身中國傳統的深厚涵養，建構出融合了中西的新倫理道德學說。康有為、嚴復反對三綱五常的舊道德，從傳統自然人性論出發，對傳統倫理道德進行新思考。人性既無先天的善惡，因此他們主張以「苦樂」定善惡，提出「求樂免苦」的新義利觀。康有為、嚴復批評傳統的「正其誼不謀其利，明其道不計其功」、「存理滅欲」說，肯定求利的應當，嚴復就提出「開明自營」合理的利己主義，轉變「重義輕利」的價值觀。

除此之外，康有為、嚴復還介紹西方自由、平等、博愛的「天賦人權」主張，來批評傳統封建對人的禁壓，並主張更新國民道德，來迎接新時代的來臨。嚴復認為，人民群眾在智、德、力三方面水平的高低與國家民族的盛衰興亡息息相關，因此從社會歷史文化中尋找中國國民力智德素質萎縮的病根，提倡廢除科舉、禁除吸食鴉片和纏足的陋習，並建立新的道德觀念和意識，培養具有民主觀念，自由、平等、博愛的新國民，如此，國家富強才有希望。

第四章

當封建傳統遇上民主思想

第一節 近代民主理論的濫觴

鴉片戰爭後，有識之士開始睜開眼睛看世界，他們不僅看到西方的船堅砲利，還看到西方的民主思想和民主政治。效法西方的民主政治，開議院，立國會，變中國封建時代一以貫之的態度，是這一時期有見識的思想家的共識。

近代思想家是用功利的態度來理解西方的民主政治。中國人為什麼要效法西方國家的民主政治，無非是為了國家的富強。他們把「民主」看成是可以使中國走向富強的工具，因此無論如何理解西方的民主制度，最終都是針對封建專制制度加以批判，封建專制成了阻礙國家進步的絆腳石。

戊戌時期的思想家雖從西方文化中悟出了前人所未曾認識到的「民主」。但是，他們終究無法擺脫傳統政治思想的影響，在晚清社會從傳統走到近代的當口上，他們所能做到的，只能是站在中國傳統思想所提供的起點上，來體認西方文化中的「民主」。中國傳統的民本思想為近代思想家接受西方近代民主的價值觀念，提供了理論的基點。

中國傳統的民本思想與西方近代的民主思想有著本質上的差別。中國的民本思想指統治者應該實施仁政，從文武百官到一般老百姓要普遍的實施仁愛，其目的是為了鞏固統治者治理天下的長治久安。實質上，「民本」仍是封建的一部份，人民並沒有享受自由自主的權利，人民也沒有機會參與國家政治。所以雖倡言「民為國本」，卻從未有人論及人民的權利。孟子主張的「民貴君輕」只是君賜的民主，並不是人民享有自主自立之權的近代意義上的民主。而西方的「民主」是政治制度也是倫理觀念，著重在「民」享有參與國家政治、經濟活動的各種權利。

在中國，從董仲舒的「君權神授」到宋明理學家「君臣之義無可逃天地之間」，不斷的強化著以皇權為中心的封建專制統治。而孟子繼承了孔子「修己以安百姓」的思想，闡發為「民為貴，社稷次之，君為輕」的民本思想，也不斷的被豐富著，歷代思想家對於民眾在社會生活中的地位與狀況，一直予以深切的關注。因此，民本思想實有雙重意義。對統治者而言，「民惟邦本」的認識，可以促使其在政治上謹慎從事，更多地滿足民眾的利益需求，改良專制國家的政治統治；對具有強烈批判精神的思想家而言，民本思想則為其提供了社會批判的武器和政治評價的標準。

明清之際的黃宗羲（1610-1695）更把以「民貴君輕」為核心的古代民本思想發展到新的高峰，形成具有近代啟蒙意義的民主理論。

黃宗羲從君主專制的起源說起，提出了「天下為主，君為客」的民本主義思想命題，分析君臣、君民之間的關係，揭露君主制的本質和歷代君主的罪惡。黃宗羲認為君主之所以產生，完全出於人類社會發展的要求，君主是為人民謀利益的公僕。因此「古者以天下為主，君為客，凡君之所畢生經營者為天下」，[1]人們才是天下的主體，君主是附屬於人民

[1] 黃宗羲，《明夷待訪錄・原君》(台北：中華書局，1988)，頁 2。

的。而君臣關係如同在一起拉木頭的人，「夫治天下猶曳大木然，前者唱『邪』，後者唱『許』，君臣共曳木之人也」。[2] 是協作共事的關係。這種民本思想是近代「國者，斯民之公產也；王侯將相者，通國之公僕隸也」民主主義思想的理論先河。[3]

黃宗羲強烈的批判封建制度，指出：「為天下之大害，君而已矣」。[4]後來君臣協作共事的關係發生變化，君主由公僕轉變成壓迫人民、奴役人民、獨享天下之大福的獨夫。他譴責君主帶給人民災難，認為君主制度下，一切都是以君主個人及其子孫而設，這是不正確的。人民才是主人，設立君主不過是手段，為人民謀福利才是目的。這樣的批判不可謂不深，但他們卻不能在專制政治以外去尋求社會的出路。他們一方面強烈的斥責暴君苛政的罪惡，另一方面又把優良的社會生活寄託於聖王明君，對暴君苛政斥之愈烈，對於聖王明君也就愛之愈深。黃宗羲的「天下為主，君為客」的主題仍是強調統治階級如何愛民、重民？如何為民服務？絲毫沒有提到人民的權力等民主思想議題。儘管如此，黃宗羲的「天下為主，君為客」的民本主張，是中國民本思想理論的極致，是通到近代民主主義的思想橋樑，對晚清民主思想的產生發生了積極而深刻的影響。

近代思想家在體認西方民主價值規範的時候，都不同程

---

[2] 《明夷待訪錄・原臣》，頁 4。

[3] 嚴復，〈闢韓〉（收在王栻編，《嚴復集》，第一冊，北京：中華書局，1986），頁 36。以下出自《嚴復集》之引文，皆嚴復之文，不復標作者。

[4] 《明夷待訪錄・原君》，頁 2。

度的從明末清初思想家那裡得到啟示。可以說，明末清初帶有濃烈的社會批判精神的民本思潮，為中國傳統政治文化提供了與西方文化對接的接口，它不僅為思想家體認西方文化中民主的價值規範提供了理論基點，而且使「民主」在傳統思想文化背景下得到了解釋。

康有為總結了洋務運動「中體西用」主張的經驗教訓，指出西方之所以富強，並不僅僅在於船堅砲利，民主政治才是「體」。康有為認為變法改革的核心，就是實行君與民分享權力、君權與民權並存共榮的「君民共主」制，這種制度是最理想的政治形式。為了論證其合理性，康有為化合中西，一方面從儒家思想中為民主尋根，一方面以西方思想改造中國古已有之的民本論。

嚴復則擺脫用傳統「君末民本」來批評封建君主專制制度，採用西方「社會契約論」，指出君主的起源非神授，人民才是天下的真主。並指出民主不是近代化的根本，它不過是自由在政治上的一種表現，如果只有民主政體，而人民並不享有法律範圍內的自由，那麼這種民主只是形式上的民主，其實質仍是專制。因此，民主是「用」，自由才是「體」，西方之所以富強，中國所以貧弱，關鍵在於「自由不自由異耳」。[5]

5 〈論世變之亟〉，《嚴復集》，第一冊，頁2。

第二節 康有為倡論民主思想對中國的適切性

康有為自己稱說：「僕在中國實首倡言公理，首倡民權者。」[6]梁啟超也說：「中國倡民權者以先生（康有為）為首。」又說：「故先生（康有為）之議，謂當以君主之法，行民權之意」，[7]這是康有為以君法行民意的最好註腳。康有為一生理論活動的中心目的，就在論證君主立憲政體取代君主專制政體的歷史必然性和合理性。因此他特別注意從古代儒家著作中發掘民主思想，並且把它同西方的民主思想揉合起來，建構具有「中國特色」的民主政治理論。

用西方的進化論對儒家的歷史發展觀重新做了解釋時，康有為已指出歷史發展的順序是拾階而上，不能躐等，並指出中國今所處的時代是由據亂世向升平世過渡的時代，且民智未開，不宜行民主之制，因此必須興民權、設議院、實行君主立憲。

---

[6] 康有為，〈答南北美洲諸華僑論中國只可行立憲不可行革命書〉（收在湯志鈞編，《康有為政論集》，北京：中華書局，1998，以下簡稱《政論集》，以下出自《政論集》之引文，皆康有為之文，不復標作者），頁476。

[7] 梁啟超，〈康南海先生傳〉（收在《飲冰室文集之六》，台北：中華書局，1972），頁85。

一、對儒家民主思想的新解

康有為認為「民主」是「天下之公理」，[8]人人自立自主之權不容侵犯，社會根本的原則不能與人的天賦權利相衝突，君與民皆有權共同治理天下國家的大事。康有為指出孔子是民主思想的提倡者。孔子一生的矢志，即在於「明人道之公理……尊大同而薄小康」，[9]又「獨立自由之風，平等自主之義，立憲民主之法，孔子懷之」，[10]故孔子述「太平大同之理」，即是民主之法。因此，康有為認為民主共和比君主專制更符合人的自然本性。 民主共和制度雖美好，但康有為認為君主立憲更適合當時的晚清，理由有三：

第一、實行君主立憲符合「三世」進化只可漸變不可突變的原則。康有為以自己的政治意圖，解釋孔子創制治世之法，指出孔子的《春秋》微言大義曾就「三世」指出有「亂世去大夫，升平去諸侯，太平去天子」三種不同的階段。康有為因此認為循著「三世」──人類「進化次第之理」，[11]國家必然是由「專制」到「立憲」，再由「立憲」到「民主」的政治過程。因此變法只能隨自然法則，而採進化性的漸變，絕不可違反自然法則，輕舉妄動，而採革命性的突變。

---

8 〈答南北美洲諸華商論中國只可行立憲不可行革命書〉，《政論集》，頁477-478。

9 康有為，《論語注・八佾》（收於蔣貴麟編，《康南海先生遺著彙刊》第六冊，台北：宏業書局，1976），頁80。

10 康有為，《孟子微・總論第一》（收於蔣貴麟編，《康南海先生遺著彙刊》第五冊，台北：宏業書局，1976），頁131。

11 同前註。

晚清當時正當「由小康而大同，由君主而至民主」的「過渡時代」，即「孔子所謂升平之世也，萬無一越超飛之理。凡君主專制、立憲、民主三法，必當一一循序行之」。[12]因此晚清當時只可行君主立憲，不能行民主共和。

第二、必須是最適合晚清社會的法制，才能政通人和，推行順利。康有為指出法制有其空間性，在外國雖為良制，若移植於中國，「猶如江南之橘，越淮為枳」，變成弊政。中國長久的君主專制，養成人民的依賴、被動，缺乏獨立自主的能力及積極負責的精神，若猝然改行民主共和制，必引致禍亂。法國、墨西哥之例便可證明。且新舊法相依，並行互進，次第改革，而漸抵於成功而無礙。康有為指出：

> 舊者有堅固之益，新者順時變之宜，二者不可偏廢也。……英國之為治也，常新舊並行，其溫故者操守極堅，其知新者進行不失，二者相牽相制。

上論指出君主立憲既避免革命的禍災，又能收到變法的效益，更可防止專制的弊害，中國救亡圖存，除君主立憲外，別無他途。

第三、民智低下是中國衰敗的原因，因此，不能貿然推行民主共和制。康有為認為美國是實行民主共和體制成功的範例，他引用英國人勃拉斯對美國平民政治的評論說：

> 美人之能運其民主之制也，以有恭敬愛法守法之念

---

12 〈答南北美洲諸華商論中國只可行立憲不可行革命書〉，《政論集》，頁476。

也，蓋道德與物質之發明過於政治，而後能成此大業也。

意即美國實行民主共和制的基礎在於民智已開，國民有愛法守法的精神。而中國「數千年奉孔子之道以為國教，守信尚義，孝弟愛敬，禮俗深厚，廉恥相尚」，以道義處理人際關係，「數百年來，法令未具」，[13]因此晚清社會民智未開，人民不能愛法守法，不適宜遽然推行民主共和制。

康有為更指出晚清當時問題的癥結在於是否立憲？只要立憲，則立憲君主與立憲民主，亦無甚差別。英國為君主立憲制，而其民主政治卻廣受讚揚。而且「立憲君主與立憲民主之制，其民權同，其國會內閣同，其總理大臣與總統事權同。位名懸殊，皆代君主者也。」[14]只要將「人立之法」的「法權歸於眾」而「聖不秉權」，君主不掌實權，權力掌握在民眾手裡，就可以革除專制弊端，唯有「君民共主」的君主立憲，才能穩定中國大局，振興國家。且「今法、德、意、西班牙、日本各國，亦由暫削封建而歸於一，亦定於一之義也」，[15]因此，晚清當時實行「君主立憲」，是因應時代的要求並符合進化之理，因此極力反對以革命的手段，馬上實行「民主」政治。

從中西文化的對比中，康有為發現西方政治比晚清當時進步，西方「政事皆出於議院，選民之秀者與議，以為不可

---

[13] 康有為，《中華救國論》（收於蔣貴麟編，《康南海先生遺著彙刊》第十五冊，台北：宏業書局，1976），頁 21、50、53。

[14] 〈共和政體論〉，《政論集》，頁 682。

[15] 《孟子微・仁不仁第七》，頁 228。

則變之，一切與民共之，任官無二人，不稱職則去」。[16]這發現顯示其對西方民權已持肯定的態度。因此，康有為在〈上清帝第一書〉中便提出「通下情」的主張，以近代民主思想重新解釋「通下情」，做為變政的理論根據。[17]其指出通下情不但有著集議的作用，而且是中國自古就有的民眾表達意志，行使民主權利的一種形式。因而康有為提出的變政措施多圍繞通下情、興民權而開展。

若不衝破「君權神授」、「君權至上」、「君權無限」等封建觀念，那麼社會改革將無法進行。康有為充分認識到這一點，所以他利用西方社會契約論，[18]重新詮釋君權起源和君民關係，又把西方的民主、民權和議院思想注入儒家經典，強調「民本君末」、「主權在民」的合理性。試分述如下：

---

[16] 〈與洪給事右臣論中西異學書〉，《政論集》，頁 47-48。

[17] 通下情本來是中國封建時代的一種施政方式，其目的是使皇帝盡可能準確詳盡的瞭解各地的情況，以供決策時的參考。皇帝決策時依然乾綱獨斷，與民主無關。

[18] 從 15 世紀到 18 世紀所出現的「社會契約說」，乃為反抗君主，而提出自然權力、社會契約、和革命權力的主張。代表人物為霍布士（Hobbes, 1588-1679）、洛克（John Locke, 1632-1740）和盧梭（Jean Jacques Rousseau, 1712-1778）。而影響最為深遠的是法國啟蒙運動時期的思想家盧梭，在其著作的《社會契約論》（或譯為《民約論》）一書中指出，社會起源於私有觀念造成的不平等。人類因私有財產陷入你爭我奪的戰爭狀態，富人為了維護自己的利益，誘使大家共同約定建立規則，社會和法律就這樣起源的。因此要建立一個保障全民福祉的政府的最佳方式，就是以社會契約建立一個自治政府，政府的成員包括國王在內，是由人民委任或撤換的，人民和政府之間的關係是委任和服從的關係。且主權源於人民也應該永遠屬於人民，所以政府只是公眾的代理人，沒有最終的決定權，所有的法律如果不經過人民的認可就不是法律。（見龍冠海、張承漢，《西洋社會思想史》，台北：三民書局，1985，頁 199-215。）

(一)以社會契約論反對君為臣綱

在康有為看來，民主思想是人類智慧的共同財富，它不但存在於西方，而且存在於中國，造就了三代的太平盛世和堯舜那樣有道的賢君。康有為在闡發孟子的「民為貴、社稷次之，君為輕」時指出：「此孟子立民主之制，太平法也。」且「今法、美、瑞士及南美各國皆行之，近於大同之世，天下為公，選賢與能也，孟子早已發明之」。[19]康有為追本溯源，認為君民共主制起源於中國。

以社會契約論反對君為臣綱，康有為解釋了君權的起源和君民關係。黃宗羲認為：「古者以天下為主，君為客，凡君之所畢世經營者，為天下也。」[20]盧梭（Jean Jacques Rousseau, 1712-1778）在《社會契約論》一書指出：人民通過社會契約的形式組成政治共同體，以保障每個結合者的利益和權力。康有為在黃宗羲和盧梭的影響下，也指出國家並非帝王的私產，而是「天下之人公共同有之器」。國家由人民所組成，起源在於「民聚，則謀公共安全之事」，由於不能「人人自為公共之事」，人民追求自己的利益和幸福的生活，則要選擇一人來管理公共事務，人民遂「公舉人任之」，因此君主不是凌駕於萬眾之上，唯我獨尊，而是臣民選出來為其服務的「一命之士以上」的官員。[21]因此，康有為解釋何謂

---

19 《孟子微・總論第一》，頁 129。

20 《明夷待訪錄・原君》，頁 2。

21 「民之立君者，以為己之保衛者也，蓋又如兩人相交之事，而另覓一人作中保也，故凡民皆臣，而一命之士以上，皆可統稱為君。」(《實理公法全書・君臣門》，收在錢鍾書編，《康有為大同論二種》，香港：三聯書

君主：

> 所謂君者，……為眾民所公舉，即為眾民之所公用。民者如店肆之東人，君者乃聘雇之司理人耳。民為主而君為客，民為主而君為僕，故民貴而君賤易明也。[22]

君主的作用就是「代眾民任此公共保全安樂之事」。國君即是人民的代理人，因此充其量只不過是人民的公僕，不能把國家據為私有財產。因而據亂、升平、太平三世的劃分，只在於民情、民智的不同，而君主由民公舉，為人民代理人這一點則始終如一。

將孟子「民貴君輕」的觀念加以發揚，康有為從理論上說明民之所貴的原因。他指出「民曰庶人，蓋同與天生，君與民皆人也，其道平等」，[23]國君與人民皆由天生，基本上是平等的，且國君「行仁政者無敵」，「孟子開口無非仁政，用心無非在民」，[24]故一切禮樂政法皆是為民也。據此，康有為認為國家的基本精神就是民本君末、主權在民，即所謂「民為主而君為客，民為主而君為僕」。

以「主權在民」解釋君民關係，康有為因此認為人民有權反抗暴民的統治。國君為國民的代理人，那麼他的職責就是「以仁養民」、「以義護民」；如果君主不為民謀利，而是殘民害民，就失去了領導國家的資格，成為獨夫民賊，人人

店，1998），頁 18。

22 《孟子微・總論第一》，頁 129。

23 《孟子微・貴恥第十四》，頁 319。

24 《孟子微・仁政第九》，頁 254。

可放之殺之。像「英殺其君查理而議院開，法殺路易，逐鏬禮，拿破崙而民權定，奧逐飛碟南而立憲成」，[25]都是例證，這才符合人類進化「升平世」的道理。

(二) 以儒家思想綰合民主制度

康有為將君民關係解釋成一種社會契約關係，人與人之間是自由平等的關係，那麼興民權、設議院也就勢在必行，因此又把西方議會制度、選舉制度引入傳統經典。

關於西方的民主政治，康有為說是「與民共之」，康有為在解釋先王之道，也說是「與民共之」。他說：

> 〈洪範〉之大疑大事，謀及庶人為大同，《孟子》稱進賢殺人，待於國人皆可，〈盤庚〉則命眾至庭，文王則與國人交，《尚書》之四目四聰，皆由辟門，《周禮》之詢謀詢遷，皆合大眾。嘗推先王之意，非徒集思廣益，通達民情，實以通憂共患，結合民志。[26]

上論將中國古代典籍中的「詢謀詢遷」，解釋為西方的議會政治，兩者的本質實不同，康有為如是說，是用西方的議會政治對中國的政治傳統做了新的詮釋。

康有為指出在《論語》、《孟子》諸多典籍中，皆可找到興民權、設議院在中國的證據。康有為認為君主立憲制自「春秋改制，即立憲法，後王奉之，以至於今」，[27]正是「孔

---

25 《孟子微・同民第十》，頁 277。

26 〈上清帝第二書〉，《政論集》，頁 134-135。

27 〈請定立憲開國會折〉，《政論集》，頁 338。

子創立，而孟子述之」；孔子所講的「其爭也君子」，就是議院中的黨人之爭，康有為甚至斷言說：「兩黨迭進，人道之大義。」此為孔子的微言大義也，「故議院以立兩黨而成治法，真孔子之意哉」。[28]孟子一談及治天下，「皆曰與民同之」，而這種「非常異議」，康有為認為是「與西人議院民主之制同」。孟子與齊宣王談論「國君進賢」的話題時，孟子曰：「左右皆曰賢，未可也；諸大夫皆曰賢，未可也；國人皆曰賢，然後察之，見賢焉，然後用之。」[29]對於這段，康有為指出：

> 左右者，行政官及元老顧問官也；諸大夫，上議院也。一切政法，以下議院為與民共之，以國者，國人公共之物，當與民公任之也。

上論康有為解讀為「孟子特明升平、授民權、國開議院之制」，[30]這也就是今英、德、奧、義、葡、比、荷、日本皆行之，君民共法的立憲體制。這「行政官」、「上議院」、「下議院」就是君主立憲中「三權分立」的重要原則，康有為指出「《書》之立政，三宅三俊，《詩》稱三事，皆三權鼎立之義」，[31]《孟子》中「瞽叟殺人」一節「此章專明司法獨立之

28 《論語注・八佾》，頁 64。

29 《孟子・梁惠王下》，《十三經注疏》（台北：新文豐出版公司，2001），冊 20，卷 2 下，頁 98。

30 《孟子微・總論第一》，頁 128。

31 康有為按語，《日本變政考》（收於蔣貴麟編，《康南海先生遺著彙刊》第十冊，台北：宏業書局，1976），頁 21。

權，而行政不得亂法」，[32]孔子之為〈洪範〉曰「謀及卿士，謀及庶人」、「黃帝請問下民，則有合宮」、「盤庚之命眾至庭」。[33]康有為認為這些都是中國「君民共政之體」的表現，在在證明了儒家經典中早有三權分立的理論。

針對議院中的執掌興民權之人選，康有為也以「選賢與能」的古老論題，注入了西方民主制度的新內容，來解決封建社會任人唯親，君主把持官吏任免權的問題。他主張用「民眾選舉制」來反對「用人以為君者一己之私見，選拔其人而用之」的封建專制官制。[34] 既然國家為天下人之公共器具，不能以天下為一人一家私有之物，必須因此選賢舉能，康有為指出：

> 天下為公，選賢與能者，官天下也……當合大眾公選賢能以任其職，不得世傳其子孫兄弟也，此君臣之公理也。[35]

上論指出透過選舉「選賢與能」，選出社會的「公僕」為大家辦事，被選舉出來的人是德才兼備，必公而忘私，使天下人受益。康有為極力讚美官吏公選制，認為「地球各國官制之最精者，其人皆從公舉而後用者」，[36]只有這樣才能保障各級官吏能為民服務。選官制度的民主化思想，反映了民眾參

---

32 《孟子微・同民第十》，頁 276。

33 〈請定立憲開國會折〉，頁 338。

34 《實理公法全書・官制》，頁 29。

35 康有為，《禮運注》（收於蔣貴麟編，《康南海先生遺著彙刊》第九冊，台北：宏業書局，1976），頁 10。

36 《實理公法全書・官制》，頁 29。

與政權，爭取統治打破封建君主對選官的壟斷的政治要求。

在康有為的解釋、改鑄下，傳統儒家經典儼然成了民主立憲理論的載體了，康有為論證了晚清當時施行君主立憲制的合理性和正當性，由「孔子創立，而孟子述之」的「民權共政之體」當然應該實施。

二、融合西學的「君主立憲」主張

民國後，康有為目睹袁世凱假共和下的紛爭，曾擔心的說：「至今政府以彌縫度日，散沙亂絲日盛，爛羊關內，有賞無罰，赧王債台，日築日高，蒙、藏已分，不為波蘭，亦為埃及。」[37]反映出國難當頭的痛苦。康有為反對袁世凱軍閥統治下的共和制，而讚賞美國的民主共和，說明他並不是一味反對共和制，而是認為中國政體的改革可以分兩步走，先採取君主立憲制，然後再實行美國式的民主共和制。

這個政體改革的理論思路，是康有為從孟德斯鳩那裡取來的經典。康有為可謂是近代史上系統闡述孟德斯鳩三權分立學說，且第一個要求在中國付諸實踐的思想家。

在政治體制上，孟德斯鳩將政體分為三：第一種為共和政體，是全體人民或一部份人民握有最高權力的政體。第二種為君主立憲政體，是由單獨一個人執政，不過必須遵守固定的法律和憲法的政體。第三種為專制政體，是既無法律又無規章，由單獨一個君主按照自己的意志統治國家。[38]在共

---

37 《中華救國論》，頁 62。

38 「治國政府，其形質有三：曰公治，曰君主，曰專制。……其義曰：公

和政體下，人民熱愛自己的國家，熱愛自由平等，孟德斯鳩最為稱美共和政體。但是，在他看來，君主立憲才是最理想的政體，他認為當時英國的君主立憲制度就是這種政體的典範。

針對孟德斯鳩政體的分類，康有為頗有體會的說：「孟德斯鳩謂專制之國尚威力，立憲國尚名譽，共和國尚道德。」[39]康有為批評封建專制崇尚君主的威力，不贊成以個人意志取代法律。共和制崇尚法律，尊重人格，養成公民愛法守法的美德，因此共和制前景美好無比，而封建專制必將走向滅亡。孟德斯鳩曾嚴肅批評中國既無議會，又不實行三權分立，是一個專制主義國家，在皇帝一怒之下，「任何事情都可拿來做藉口去剝奪任何人的性命，去滅絕任何家族」，皇帝「依據他的意志和反覆無常的愛好在那裡治國」，所以專制國家「他的原則是恐怖」。[40]這樣的批評，給了康有為勇氣和力量，並且提供他改革的政治方向——社會政治結構應如何變的合理？

依據孟德斯鳩的三權分立學說，康有為針對中國封建專制三權合一的危害加以分析，他指出：

> 自三權鼎立之說出，以國會立法，以法官司法，以政府行政，而人主總之，立定憲法，同受治焉。人主尊

治者，國中無上主權，主於全體或一部份之國民者也；君主者，治以一君矣，而其為治也，以有恆舊立之法度；專制者，治以一君，而一切出於獨行之已義。」（孟德斯鳩，《法意》，台北：臺灣商務印書館，1977，上冊，卷 2，頁 1。）

39 《中華救國論》，頁 50。

40 《法意》，上冊，卷 5，頁 37-38。

> 為神聖，不受責承，而政府代之，東西各國，皆行此政體，故人君與千百萬之國民，合為一體，國安得不強？吾國行專制政體，一君與大臣數人共治其國，國安得不弱？

上述指出當今西方各國之所以強盛，皆是立憲法開國會之故，康有為明白孟德斯鳩倡導三權分立說，是為了克服封建專制的腐敗，因此上書光緒帝，唯有「上師堯、舜、三代，外采東西強國，立行憲法，大開國會，以庶政與國民共之，行三權鼎立之制，則中國之治強，可計日待也。」[41]唯有行三權分立之制，國家之富強，才能有所期待。

從〈上清帝第五書〉到百日維新，康有為清楚的以「變政」──「定三權以變政體」、「立憲法以改國憲」、「設議院以行民權」做為變法的主題。[42]試分述如下：

(一) 定三權以變政體

康有為依據孟德斯鳩學說，參照日本明治維新的經驗，提出「定三權變政體」，為政治變革的中心任務。所謂「政體」就是指由哪一個政權組織來執掌國家的大權。康有為指出「日本變法之始，先正定官制」，所以「變官制」是變法之「本」，[43]是變法首先要解決的問題。因此，康有為認為推行君主立憲制要貫徹三權分立的原則，依照這指導原則，改

---

41 〈請定立憲開國會折〉，《政論集》，頁 338-339。

42 參引鍾賢培先生之說法加以分述。（見鍾賢培，《康有為思想研究》，廣州：廣東教育出版社，1988，頁 47。）

43 《日本變政考》按語，頁 61。

革傳統的官制。「政體之善」莫過於「政權有三」，也就是立三權之官，「近泰西政論，皆言三權：有議政之官，有行政之官，有司法之官」，三官都各有職責，即「以國會立法，以法官司法，以政府行政」，這三權立，而後「政體備」。[44]

「三官之中，立法最要」，康有為突出「立法官」或「議政官」的重要，若立法官為「心思」或「頭腦」，而行政官和司法官則是手足耳目，因此有行政而無議政，不能成國。[45]在中國封建社會，皇帝一人獨攬大權，特別是封建社會後期，行政、立法、司法全集中於皇帝手中，康有為指出「凡地球古今之人，無一人不在互相逆制之內」，因而，應「以互相逆制立法」，如果不實行權力制衡，「則必有擅權勢而作福者，居於其下，為其所逆制之人必苦矣」。[46]按照制衡原則，康有為將立法權與行政權分離，也就是立法和行政二官必須分離，立法權必須歸議院，若「以行法官為立法官」，「惟有亂敗而已」，[47]改革永遠不會成功。

(二) 立憲法以改國憲

康有為仿照日本明治維新，把「定憲法」做為「維新之始」，認為「各國之一切大政皆奉憲法為圭臬」。如果沒有憲法做為根本和依據，就會出現「惡之者駁詰而不行，決之者倉促而不盡，依違者狐疑而莫定，從之者條畫而不詳」的情

---

44 〈上清帝第六書〉，《政論集》，頁 214。

45 《日本變政考》按語，頁 20。

46 《實理公法全書・總論人類門》，頁 8。

47 《日本變政考》按語，頁 21。

況。[48]所以，實行「新政」之前，必須先定憲法。康有為將「改定國憲」看得十分重要，稱之為「變法之全體」。[49]而立法權所要建立的便是國家的根本大法「憲法」，這是變政的根本任務。實際上，這部「憲法」與舊式的封建法典不同。康有為指出：「採擇萬國律例，定憲法公私之分」，[50]「公權」即「民權」，「私權」即「君權」，就是分清「民權」和「君權」的權限。梁啟超對此有過說明：「君主者何？私而已矣。民主者何？公而已矣。」[51]由此可知，康有為要制定的是一部君主立憲制的憲法。

在《日本變政考》一書中，康有為曾提到伊藤博文關於日本憲法的演說詞，內容大致分三：一是「主權在天皇」，憲法維護君權；二是國家「政治之得失，付之眾庶議決」，憲法保障民權；三是「立法屬議院，行政屬內閣政府，另立司法之權」，憲法確定「三權分立」的政體。對此，康有為多所讚賞，稱：「論議政、行政、司法之權之故，這透矣。」[52]實際上，此文強調日本的主權集於君主一身，立法、行政諸權均源於君權，康有為為文多有刪節與修改，加進了偏重議院的內容。由此可看出，康有為為了建立君主立憲政體以反封建專制政治，不得不曲解其意、有所保留。

---

48 〈上清帝第六書〉，頁 214。
49 《日本變政考》按語，頁 187。
50 〈上清帝第五書〉，頁 207。
51 梁啟超，〈與嚴幼陵先生書〉，《嚴復集》，第五冊，頁 1570。
52 《日本變政考》按語，頁 293。

(三)設議院以行民權

設議院以行民權是變政的最終目的。康有為認為，在近代政體中，最核心的機制或要素是「議院」，議院制是一種十分理想的制度，可以使「百廢並舉，以致富強」。他對西方議會推崇備至：「通天下之氣，會天下之心，合天下之才，政未有善於議院者也，泰西之強基於此矣，日本又用之而強矣。」[53]早期康有為認為西方設「議院」，是為了聽取眾議，通達下情，使人民的疾苦可以上聞，君主的德意可以下達，一個反映民意的諮詢機構。後來編寫《日本變政考》，對於日本明治維新有深入的考察研究後，對「議院」制才有較全面的瞭解。

早在公車上書時，康有為已指出「古今異形，今昔殊勢，外夷政由議院」的世界新格局，對議院在國家政治中的地位以予肯定。設立議院之後，就可以「上廣皇帝之聖聽……下合天下之心志」，君民同體，休戚與共。議院有「民信上則巨款可籌；政皆出於一堂，故德意無不下達；事皆本於眾意，故權奸無所容其私」的作用。因此，在中國重民的傳統下，康有為在七次上書中提出富有中國色彩的議院設想，其思路由中國式的「議郎」制發展到西方式的「國會」制。

康有為巧妙的借用漢代「議郎」一詞，改造為近代的議院。漢代的議郎只有諫議人員，其職責是諫議，而不是立

---

[53] 康有為按語，《日本書目志》（收於蔣貴麟編，《康南海先生遺著彙刊》第十一冊，台北：宏業書局，1976），頁 187。

法，而康有為的「議郎」制設計兼有此兩種職能：一是在武英殿的「顧問之員」，「隨時請對，上駁詔書，下達民詞」，是諮詢的作用；二是在太和門「開門集議」的「議郎」，討論「內外興革大政，籌餉事宜」，「下部施行」，是立法的作用；[54]此為兩種截然劃分、不同職能的機構。太和殿的「議郎」之職是按每十萬戶一人的比例由郡邑公推出來的，武英殿的「顧問人員」是取於翰林、薦舉、上書和公推，兩者明確劃分開來。這「議郎」，表面上為了備皇帝的顧問，但這種由「士民公舉」產生，根據少數服從多數人的原則，決定國家大政方針，交由行政部門實施的制度，與西方議院制度簡直毫無二致。這種「議郎」制度，實際上就是近代的議院制度。康有為更進一步提倡「今天下郡邑十萬戶推一人，凡有政事，皇上御門，令之會議，三占從二，立即施行，其省、府、州、縣咸令開設，並許受條陳，以通下情」，[55]把這種制度推廣到「省、府、州、縣」全國的範圍。

在〈上清帝第二書〉至〈上清帝第四書〉中，康有為雖提出設議院的要求，卻未提出立憲法的命題，在於當時其對立憲法仍缺乏認識。研究日本明治維新史後，其益發瞭解立憲法的重要性，因而在〈上清帝第五書〉不用「議郎」一詞而直接以「國會」稱呼。[56]康有為指出召開國會就可以「庶政與國民共之」，使得「君與國民共議一國之政法」。他斷言

---

[54] 〈上清帝第二書〉，頁 128-135。

[55] 〈上清帝第四書〉，頁 158。

[56] 「明定國事，與海內更始，自茲國事付國會議行。」（見〈上清帝第五書〉，頁 207。）

這種政體優於專制政體，因為立憲政體是「人君與千百萬國民合而為一體」，並且「立憲法以同受其治，有國會合其議，有司法保護其民，有責任政府以推行其政」。[57]康有為的這些主張，反映了新興士人要求參政權，實行君主立憲制度的願望。

康有為的變法主張是通過「定三權」、「立憲法」、「設議院」的變政三部曲，改「君主專制」為「君主立憲」。針對君主立憲制的一切理論問題，也都能藉由儒家的經典進行闡發，使變法內容正當化、合理化。康有為提出的君民共主思想，是中國歷史上第一次把民的地位與君並列，置於最高一級，不但可進言、諮詢，而且有決策權。突破了僅僅以民為邦本，但民卻不享有主權的傳統民本論的侷限，在中國近代民主思想發展史上具有劃時代的意義。

第三節 嚴復的民主改革觀點

嚴復鼓吹西方的民權民主思想，主要表現在批判封建專制制度和強調西方民主制度的實質——「自由」思想。強調有了天賦的自由，才有人人平等；有了人人平等，才有民主政治，有了民主政治，才能真正實現民權。

57 〈請君民合治滿漢不分折〉，《政論集》，頁 340。

一、〈闢韓〉之反君權思想

嚴復的〈闢韓〉，並非對韓愈的思想展開全面的評論，而是針對〈原道〉一文。〈原道〉的主旨在闢佛、道，強調恢復儒家在政治、社會、精神各方面的主導地位。但嚴復只專就其論國道及君權的部份加以辯駁。

自韓愈以道統自命之後，儒家之徒無不自守君臣的分際，以致君主的權威日益高漲，一身兼刑、憲、政三權，而臣下、人民都成了必須奉行君主旨意的奴隸。嚴復根據孟德斯鳩的觀點，指出：「中國之治制，運隆則為有法之君主，道喪則為專制之亂朝。」[58]且「自秦以降，為治雖有寬苛之異，而大抵皆以奴虜待吾民」，[59]人民群眾與奴虜的地位相同，手中毫無權利，改朝換代中君主的變易，對於人民來說不過是奴婢的易主，他們受奴役壓迫的地位絲毫沒有改變。以奴虜對待民眾，是封建統治的基本出發點，嚴復認為這正是中國落後於西方的原因。因此「舊學之至大至要者，莫如五倫」，[60]嚴復正是要抓住五倫的要害「君權」進行批判，他認為要社會進化，首先必須變封建君主制度為民主制度。嚴復更比較東西方之不同，「西之教平等，故以公治眾而貴自由；自由，故貴信果」，相反「東之教立綱，故以孝治天下而首尊親；尊親，故薄信果」，[61]西方因民主而強盛，中國因

---

[58] 《法意》按語（收在孟德斯鳩，《法意》，台北：臺灣商務印書館，1977），上冊，卷5，頁43。

[59] 〈原強〉修訂稿，頁31。

[60] 〈論中國分黨〉，《嚴復集》，第二冊，頁489。

[61] 〈原強〉修訂稿，頁31。

尊君而落後。所以嚴復以韓愈的「尊君」思想作為抨擊對象，揭露其「君權神授」的謬誤。

在嚴復看來，君臣之倫是出於不得已而立的，人民才是天下的真主，「民貴君輕」才是是古今之通義，嚴復論述了國家和國君的起源。

人民的自由本來是天所賦予，生來所具有的，現在卻被專制君主所竊據，使人民毫無獨立自主的權利，這就是所謂的「大盜竊國」。[62]嚴復揭露出「往者吾讀韓子〈原道〉之篇，未嘗不恨其於道於治淺矣」，「彼韓子，徒見秦以來之為君。秦以來之為君，正所謂大盜竊國者耳」。韓愈只「知有一人而不知有億兆」，〈原道〉只是歌頌「竊國大盜」。人民才是天下的真主，但這些竊國大盜和其幫手，卻製造「有命自天」的天命論或天生聖人的說法，來為他們竊取政權辯護。

韓愈認為「古之時，人之害多矣。有聖人者立，然後教之以相生相養之道。為之君，為之師，驅其蟲蛇禽獸而處之中土，寒然後為之衣，飢然後為之食」，古代的國君不僅是政治的領袖，更是愚民之師，是延續生命、文化發皇的依據，因此「如古無聖人，人之類滅久矣」。而且還指出「仁義道德」具有神妙的感化力量，對維護封建制度有強大的作用。嚴復批駁此說，首先指出韓愈的聖人說是自相矛盾，不符合歷史的實際情況。照韓愈的說法，聖人具有特殊的才能，教導人民「相生相養之道」，似乎沒有聖人，人民就不

---

[62] 嚴復，〈闢韓〉，《嚴復集》，第一冊，頁 32-36。本節未標注出處之引言，皆出於此文。

知道如何生活。嚴復反駁說，如果有這樣的聖人，或者這樣的聖人「其身與其先祖父，必皆非人也而後可，必皆有羽毛鱗介而後可，必皆有爪牙而後可」，才能免於天災和禽獸的侵害，否則，不等他們長成，早就被蟲蛇禽獸害死了，被寒熱飢渴困死了，哪能活著為人類防患除害，制定法律呢？況且，一般人若真的寒不知衣，餓不知食，這些人也早已夭亡，所謂聖人又怎能找到這些人做為他發號施令的對象呢？而且自古中國的君王大多數都是「生於帷牆，長於阿保，其教育之法至不善，故尊為明聖，而其實則天下之最不更事人也」。[63]因此，所謂「天生聖人」的觀點不過是無稽之談。其次，嚴復指出「仁義道德」果真有如此偉大作用，人民就該在此教化下，明確瞭解各自享有的權利和應盡的義務，安分守己，「尚何有強梗欺奪？尚何有於相為患害？」又何需一個至高無上的君主來壓迫人民、奴役人民呢？因此「仁義道德」和君主專制二者是不能並存的。

嚴復認為君臣之倫是出於不得已而立的，因為人類社會有強梗、欺奪、患害之事，客觀上需要有人出來承擔管理工作和保衛工作，因此「君也，臣也，刑者，兵也，皆緣衛民之事而後有也」。嚴復說：

> 其意固曰：吾耕矣、織矣、工矣、賈矣，又使吾自衛其性命財產焉，則廢吾事，何若使子獨專於所以為衛者，則吾分其所得於耕、織、工、賈者以食子、給子之為利，廣而事治乎？

---

63 《法意》按語，頁 1000。

上論指出君主的出現是社會分工的結果，遠古時代的人各從事其事，無暇處理領導的問題，因此「擇其公且賢者，立而為之君」，這是天下立君的本旨，所以韓愈的「聖人」之說是錯誤的。所以，「君也者，與天下之不善而同存，不與天下之善而對待也」，一旦天下都為善了，君主也就沒有存在的必要了。嚴復的說法，與西方社會契約論的意思相通，即肯定了社會的起源是奠基於人類為共同利益而訂立的某種契約。

韓愈認為君權神聖不可侵犯，君主對臣民有生殺予奪的權力，君臣之間、君民之間的關係是統治與服從的絕對關係；嚴復則認為君民是「互助合作」的關係。

韓愈指出：「君者，出令者也；臣者，行君之令而致之民者也；民者，出粟米麻絲，作器皿通貨財以事其上者也。君不出令，則失其所以為君，臣不行君之令而致之民，則失其所以為臣，民不出粟米麻絲作器皿通貨財以事其上則誅。」嚴復則指出：「民者出粟米麻絲，作器皿通貨財以相為生養者也，其有相欺、相奪而不能自治也，故出什一之稅而置之君，使之作為刑政甲兵，以除其強梗，備其患害。然而君不可以獨治也，於是為之臣，使之行其令，事其事，是故民不出什一之賦，則莫能為之君。」因此君權並非神授，而是民授，在君臣、君民的倫常關係中，就應當以民為「天下之真主」。嚴復讚許「西洋言治者之言：『國者，斯民之公產也；王侯將相者，通國之公僕隸也』」，並且批評了「中國之尊王者」把四海之地和全體人民都做為君主私有財產的謬論。

君臣、君民既然是「互助合作」的關係，君民各有其職守，「君不能為民鋤其強梗、防其患害則廢，臣不能行其鋤強梗、防患害之令，則誅乎」？國君有虧於職守，也應該受到懲罰。嚴復還援引老子所言「竊鉤者誅，竊國者侯」的事實，「自秦以來，為中國之君者，皆其尤強梗者也，最能欺奪者也」，這些強梗的竊國大盜，正應該打倒，怎能像韓愈一樣，「使安坐而出其唯所欲為之令」，還振振有詞說什麼這就是「天之意，道之原」難道「天之意固如是乎？」「道之原固如是乎？」由此可知，君權並不是神聖不可侵犯的，而是可以由授權之民廢黜的。

近人周志文指出嚴復之論，「極似黃宗羲《明夷待訪錄》中對君權的論點」，因為忽略人民，國君因此獨攬大權，以致成為天下之大害。[64]嚴復標舉孟子的「民貴君輕」的思想，民的重要性超過君。「斯民也，固斯天下之真主也，民為貴，社稷次之，君為輕」的觀點是古今之通義，任何人都不能違背。而且基於「力今勝古」的歷史進化觀點，社會的法治，不會一成不變的。嚴復說：「法猶器也，猶道塗也，經時久而無修治精進之功，則扞格蕪梗者勢也。……此天演家言所謂物競天擇之道，固如是也。」法制如器具，使用長久就必須維修改進，這是必然的趨勢，因此，如果不

64 周志文，〈論嚴復的〈闢韓〉〉，《中國近代文化的解構與重建・嚴復》（台北：政大文學院，1996），頁 71。黃宗羲指出：「凡天下之無地而得安寧者，為君也。」又說：「然則為天下之大害者，君而已矣。像使無君，人各得自私也，人各得自利也。嗚呼，豈設君之道固如是乎！」（黃宗羲，《明夷待訪錄・原君》，頁 2。）

變法，將「無以自存，無以保種」。[65]

民主是政治型態中境界最高的，從人類進化的歷史看，嚴復認為君權勢必要過渡到民權。但以中國當時的情勢仍不能廢君權，因為過渡到民權需有兩個條件，一是人民具有充分的自治能力；一是國君源於道德心能自動放棄統治權，因為「民之自由，天之所畀也，吾又烏得而靳之！如是，幸而民至於能自治也，吾將悉復而與之矣」。但以當時中國的情勢論之，民智未開，人民不能自治，「才未逮、力未長、德未和」，君權可逐漸縮小，不能廢棄。他指出：「然則及今而廢吾君臣可乎？曰：是大不可。何則？其時未至，其俗未成，其民不足以自治也。彼西洋之善國且不能，而況中國乎？」嚴復認為君需遵守君權的分際不逾越，天下尚可以治。何謂君權的分際？嚴復說：「今夫西洋者，一國之大公事，民之相與自為者居其七，由朝廷而為之者居其三，而其中犖犖尤大者，則明刑、治兵兩大事而已。何則？是二者，民之所仰於其國最急者也。」君主應以明刑及治兵為權責，其他應使人民有充分之自由，不過分管束。嚴復認為人民如能獲得充分的自由，社會國家才能有發展，民權得以伸張，則君權自然萎縮，中國必可日漸富強，並自信滿滿言：「誠如是，三十年而民不大和，治不大進，六十年而中國又不克與歐洲各國方富而比比強者，正吾蒡言亂政之罪可也。彼英、法、德、美諸邦之進於今治者，要不外百餘年、數十年間耳。況夫彼為其難，吾為其易也。」若能如其所言，國君

65 〈原強〉修訂稿，頁 23。

守君權之分際，人民又有充分的自由，最終，中國社會一定比西方富強。

從今天的角度看〈闢韓〉的改革理想，並不能代表嚴復後期的政治思想，但放在晚清自強運動及變法維新中，卻別具意義。嚴復反駁封建君權論，動搖了韓愈及宋明理學家建立起來維護封建君主專制的精神支柱。至於君主起源，王栻認為那是一種「類似『民約論』的理論」，在民主運動的啟蒙時期具有「客觀上的進步作用」。[66]周志文更指出其意義在對人民自由權的肯定，認為「民之自由，天之所畀」，君主之設立，不是限制人民的自由，而是維護人民的自由，更是前賢所未發之論見。[67]

二、自由為體、民主為用

西方的議會政治制度較早傳到中國，成為中國先進知識份子認識西方民主的重要內容。但直到嚴復留學回國，做為民主思想深層內涵的「自由」才正式被提出。19 世紀，隨著西方近代文化的輸入，西方的自由主義思想也傳入中國，[68]

---

66 王栻，《嚴復傳》（上海：人民出版社，1976），頁 30。

67 周志文，〈論嚴復的〈闢韓〉〉，頁 74。

68 十八世紀法國啟蒙運動時期的思想家盧梭的《社會契約論》（或譯為《民約論》）一書，為「自由」學說奠定了初步的理論基礎。他認為「人是生而自由的」，「自由」是人的基本權利，這種權利是天賦的，任何人皆不可剝奪。盧梭所要爭取的自由，不是指個人如何擺脫國家的控制而言，因為他要求每個人都要在國家的絕對權利支配下，每個成員都是獨立自主的，誰也不能干預，彼此之間沒有任何依附和奴役的關係。（見龍冠海、張承漢，《西洋社會思想史》，台北：三民書局，1985，頁 199-

嚴復正是傳播此一思想的第一人。

西方自由觀念傳入之後，大多數中國人對「自由」理解不夠準確，與近代西方自由觀念的內涵差距甚大。中國古代雖有「自由」一詞，但大多是指人內心的某種狀態，用來形容無拘無束、自足自在的身心感受和生活舉止等狀態，也就是嚴復所言：「自繇之義，始不過謂自主而無罣礙者」，[69]因此做為個體自主、自作主宰、自得自在等意義下的內在自由十分豐富，[70]但有制度和法律的保障且免於獨裁專制的政治自由或外在自由，在中國傳統中卻付之闕如。嚴復翻譯亞當史密斯（Adam Smith, 1723-1790）的《原富》、約翰穆勒（John Stuart Mill, 1806-1873）的《群已權界論》、孟德斯鳩（Montesquieu, 1689-1755）的《法意》，把西方近代的自由主義介紹給國人，政治自由的觀念才較為深入的傳進中國。

面對當時洋務派「中體西用」的改革主張，嚴復批評是風馬牛不相及：「有牛之體，則有負重之用；有馬之體，則有致遠之用。未聞以牛為體，以馬為用者也。故中學有中學

215。）

69 嚴復，《群已權界論・譯凡例》（台北：臺灣商務印書館，1966），頁 3。

70 「自由」二字首度出現在東漢趙歧注《孟子・公孫丑》下「則吾進退豈不綽綽然有餘裕哉」一句為：「今我居師賓之位，進退自由，豈不綽綽然舒緩有餘裕乎。」古詩〈孔雀東南飛〉中：「阿母謂府吏：合乃太區區！此婦無禮節，舉動自專由，吾意久懷忿，汝豈得自由！」唐時，「自由」二字常入詩文之中，在杜甫、白居易、柳宗元、杜牧、李商隱的詩中也都出現過自由一詞。（詳見林載爵，〈嚴復對自由的理解〉，收在劉桂生等編《嚴復思想新論》，北京：清華大學，1999，頁 173。）嚴復解釋「自由」的意義時，還特別引用柳宗元的〈酬曹侍御過象縣見寄〉詩：「破額山前碧玉流，騷人遙駐木蘭舟。東風無限蕭湘意，欲採萍花不自由」。（見《群已權界論・譯凡例》，頁 3。）

之體用，西學有西學之體用。」[71]批判揭露了洋務派「器變而道不變」的實質。嚴復認為西方富強的秘訣並非汽機兵械，而是民主自由的精神。嚴復因此提出「自由為體，民主為用」的立國精神和變法維新的原則。[72]

嚴復認為人類行為的原則即為公理，而其最根本的內容就是自由與民主。有了自由，自然會產生平等和民主，嚴復以體用觀念來說明二者的關係「自由為體，民主為用」，認為個人天賦自由權利的實現是政治民主化的基礎。在他看來，西方所以富強，是因為它以自由為立國之本，並依據自由的精神在政治上建立了民主制度，「民主」不是西方國家的根本，「自由」才是西方國家政治制度的實質。這樣的主張，從根本上衝破了封建制度和道德觀念的束縛。

關於「自由」與「民主」兩者的關係，嚴復是這樣闡述的：

> 自由者，各盡其天賦之能事，而自承之功過者也。雖然彼設等差而以隸相尊者，其自由必不全。故言自由，則不可不明平等，平等而後有自主之權；合自主之權，於以治一群之事者，謂之民主。[73]

這就是說，所謂「民主」，是指人民個體不僅崇尚自身的自由，同時必須遵循「平等自由的公理」承認他人的自由，[74]

---

[71] 〈與《外交報》主人書〉，《嚴復集》，第三冊，頁 558-559。

[72] 〈原強〉，頁 11。

[73] 〈主客平議〉，《嚴復集》，第一冊，頁 118。

[74] 同前註，頁 116。

將個體自由擴展為群體自由。只有以「平等自由」為「正鵠」，[75]實現了每個個體人格上的真正平等，才可以說是政治上實現了民主。因此「夫民主之所以為民主者，以平等。故班丹（即邊沁）之言曰，人得一，亦不過一。此平等之義也」。[76]嚴復強調民主的確切含意，便是指個體都實現自由平等。

嚴復還具體論述了自由和民主的優越性。近代西方國家「以自由為體，以民主為用」，打破了森嚴的等級制度。其「捐忌諱，去煩苛，決壅蔽，人人得其意、申其言」，掃除了忌諱的思想隔閡，人人可以有言論自由。且「上下之勢不相懸隔，君不甚尊，民不甚賤」，君民的地位相差不過於懸殊，利害易於相通「而聯若一體」，西方人民「皆若有深私至愛於其國與主」，[77]彼此同心協力，有自覺之愛國心，因此國家日益富強興盛。傳統中國以綱常為主，上下的地位極為懸殊，只重親屬關係不重言行信用，結果上下隱瞞，懷詐相欺。中國人民自古以來，「固無真自由，而約略皆奴隸」。[78]中國封建制度的綱常名教，多把老百姓視為奴虜，剝奪了人民的各種自由，民眾也就相應滋生了觀念上的奴性，以奴虜自我認定，因此造成「民力已苶，民智已卑，民德已薄」的可悲局面。[79]一般勞動人民的道德觀念中，「無所謂天下也，

---

75 〈與胡禮垣書〉，《嚴復集》，第三冊，頁 594。

76 《法意》按語，頁 957。

77 〈原強〉修訂稿，22、31。

78 《法意》按語（收在孟德斯鳩，《法意》），中冊，卷 21，頁 3。

79 〈原強〉修訂稿，頁 20。

無所謂國家也，皆家而已。」[80]人們得不到自由自主權利，那麼愛國心和責任感自然遭受到壓抑，因此不能自覺的去愛國、愛君主，導致中國日益衰微。而今，在國際關係密切的情勢下，國家競爭激烈，中國壓制人民權利的結果，使國家的權利被少數的野心家、陰謀家竊取濫用，人民沒有自由、沒有權利，就不能動員人民的力量，在國際競爭中取得國家自主生存的權利，其禍害真不堪設想。因此，嚴復說：

> 夫所謂富強云者，質而言之，不外利民云爾，然政欲利民，必自民各能自利始；民各能自利，又必自皆得自由始。[81]

即指出人民享有自由自主的權利，自然能夠發揮各自的才能和天賦，激發愛國心，維護民族的生存與興旺，促進國家的興盛與繁榮。

人民的「自由」非毫無限制，嚴復所指的「自由」，是廣大人民群眾在西方的法律所能容許範圍下的各種自由。自由是近代工業社會萌生的一種重要的政治概念，後來逐漸演變成民眾的一項基本政治權利。傳入中國後，「自由」被維新派人士理解為：政治上處於一種不被阻礙，不受控制，不受擺佈的社會狀態。嚴復認為，不應該把自由理解為個人欲望的絕對放縱，而是應該受到法律嚴格制約的。嚴復還引用法國啟蒙思想家孟德斯鳩的話說：「政府國家者，有法度之

---

[80] 《法意》按語，頁 948。

[81] 〈原強〉修訂稿，頁 27。

社會也。既曰有法度，則民所自由者，必游於法中。」[82]指出自由並不是無限度的，必須在法律所容許的範圍內活動。而且「假使有國民焉，得取法所禁者而為之，將其群所常享之自由立失，何則？法律平等，一民之所為者，將盡民皆可為之也。」[83]在法律之前人人平等，人人都享有自由民主的權利。在法律的制約下，才能保障國民地位的平等和個人真正的自由。

西方民主的實質是「自由」，人是否能得到自由自主的權利，成為嚴復判斷中西方國家和民族生死存亡、衰弱興旺的標誌。嚴復認為，「自由不自由」是中國和西方文化最根本的區別，社會生活和其他方面的不同也就由此而生。

嚴復指出西洋之所以富強，「不外於學術則黜偽而崇真，於刑政則屈私以為公而已」，又進一步指出：「斯二者與中國理道初無異也，顧彼行之而常通，吾行之而常病者，則自由不自由異耳。」也就是說「黜偽崇真」的自然科學方法、「屈私為公」的民主政治制度是以自由為基礎的，只有實現自由，方才可以真正達到這兩點。不僅如此，嚴復在列舉西方各方面，諸如體形、德慧術智、農業、紡織、畜牧、刑政、戰備、郵政、交通，無一不較中國為優勝時，而其根本原因，都是「自由不自由耳」。因此「自由既異，於是群異叢然以生」，自由與否，不僅是中與西所以一強一弱的根源，也是中西文明的根本差異。

不自由是中國封建社會與文化的基本特徵，也是中國貧

---

82 《法意》按語（收在孟德斯鳩，《法意》），上冊，卷 11，頁 2。
83 同前註，頁 984。

窮落後的根本所在。嚴復指出:「夫自由一言,真中國歷古聖賢之所深畏,而從未嘗立以為教也。」中國歷代的「古聖先賢」何以不敢提倡自由,而偏偏最重「三綱」呢?嚴復究其原因,指出「蓋我國聖人之意,以為吾非不知宇宙之無盡藏,而人心之靈,苟日開瀹焉,其機巧智能,可以馴致於不測也。而吾獨置之而不以為務者,蓋生民之道,期以相安相養而已。……故寧以止足為教,使各安於樸鄙顓蒙,耕鑿焉以事其長上」。他們觀念上沒有自由與民主的理念,也就談不上以自由思想教化民眾,其根源在於統治者謀求自身專制的長治久安。正因為封建倫理道德「牢籠天下」扼殺人的自由,才使得「民智因之以日窳,民力因之以日衰。」因此,處於當今世變之急,社會日進,雖聖人復生,亦不能再如此守舊而堅持不變。

至於中國傳統中的「恕道」與「絜矩之道」,雖然和「自由」有相似之處,但內涵上確有本質的不同。嚴復指出:

> 中國理道與西法自由最相似者,曰恕。曰絜矩。然謂之相似則可,謂之真同則大不可也。何則?中國「恕」與「絜矩」,專以待人及物而言,而西人自由,則於及物之中,而實寓所以存我者也。[84]

上論指出中國的「忠恕」之道、「絜矩」之道只講由己及人,實際上是泯滅人的個性,束縛個人的自由,把人的個性

[84] 上引文見〈論世變之亟〉,《嚴復集》,第一冊,頁 1-3。

與自由消融在封建倫理觀念之中；而西方的「自由」，承認人的自由自主權利是天賦的，不可剝奪。嚴復不禁慨嘆：吾國「固無真自由」。[85]不僅在制度上中國從未建立真正的民主精神，即使觀念上，中國人也從根本上對自由思想加以抗拒。中國遵從群體的觀念，認為個人只是群體中的一份子。大一統思想不僅自秦至清代的政治觀念，也是中國人的道德核心，所以人民不感到自由的需要，因此對於封建階級的存在也視為當然。而且人們堅持的認定，群體自由的意義遠遠超過個體的自由，如果群體不能獲得自由，個人也就不可能獲得自由。

嚴復進一步提出「身貴自由，國貴自主」的命題，指出個人自由和國家的自主從根本上不是相互矛盾的，兩者是一致的。嚴復指出「知吾之所以生，則知群之所以立矣；知壽命之所以彌永，則知國脈之所以靈長矣。一身之內，形神相資，一群之中，力德相奮」，[86]一個國家如果喪失了獨立自主的地位，正如一個人喪失了天賦的自由權利一樣。要維護一個國家獨立自主地位，就必須同時維護人民天賦的自由權利；而人必須在國家處於獨立自主地位的前提下，才有可能享受自由的權利。嚴復說：「特觀吾國今處之形，則小己自由尚非所急，而所以祛異族之侵略，求有立於天地之間，斯真刻不容緩之事，故所急者乃國群自由，非小己自由也。求國群之自由，非合通國之群策群力不可。」[87]當時中國人最

---

[85] 同註 78。

[86] 〈原強〉修訂稿，頁 17。

[87] 《法意》按語，頁 981。

大的不自由，就是帝國主義的侵略和奴役，如果沒有全民族的獨立和自主，哪裡會有個人的自由？由此可知，嚴復宣傳自由、民主，反對封建專制，是順應歷史發展的趨勢。

雖然嚴復從思想上接受了西方自由民主政治為理想社會目標，但在現實態度上嚴復卻從一開始就堅持中國實行民主政治還有很長的路要走，在〈闢韓〉中已明確表達此一觀點。嚴復之所以持此觀點，在於對民主制度中道德因素的重視。

嚴復對「民主」的認識，源於英國和法國的思想家，尤其是深受孟德斯鳩《法意》中民主見解的影響。嚴復指出「自孟氏之言，民主精神高於獨治。民主之精神在德，獨治精神在禮，專制精神在刑」，[88]孟德斯鳩看重民主對道德品行的依賴，把「德」視為民主的基本特性，因而嚴復從「道德」角度論述民主思想。嚴復在英國看到了民主制度後面的因素是人民之智、力、德，認為「夫治制有形質，有精神，兩者相為表裡者也」，[89]而民主精神的體現在民德之中，「民主者，天下至精之制也，然欲其制之有立而長久，必其時上下之民德足以副之」。[90]也就是民主不僅體現在政治制度上，而且還體現在人們道德和智力水平很高的生活狀態中。因此嚴復指出「故嘗謂古無民主，若希臘、羅馬之舊制，乃以權力之均不相統屬，不得已聚族而為之。此謂合眾可，謂之民

---

88 〈憲法大義〉，《嚴復集》，第二冊，頁 240。

89 《法意》，頁 171。

90 《法意》，頁 202。

主不可。何則？以其有奴婢故也。」[91]古代的民主國不是真正的民主社會，只能算是合眾國。嚴復還綰合民主精神與老莊思想，指出：「夫黃老之道，民主之國之所用也，故而長而不宰，無為而無不為。」[92]指出所謂「無為而治」並非真正放手不管，而是仰賴人民已有一定的道德水平，讓人民能充分展現自己德、智、力。[93]因此，中國人民之道德水平，攸關民主政治之實現與否，更可印證嚴復《天演論》所強調的與天爭勝所憑藉的正是「智、德、力」。

雖然民主之路仍然遙遠，是否意味著嚴復贊成中國行「君主立憲」？多數學者認為嚴復在早期雖主張實行立憲政治，但後來卻放棄了這個主張。在〈原強修訂稿〉中，嚴復曾提出「設議院於京師，而令天下郡縣各公舉守宰」的建議，似乎多數學者以此為證，指出嚴復贊成當前中國宜行「君主立憲」為過渡。但除了〈原強修訂稿〉中有「設議院」的主張外，其他論著中未發現類似的的提議。經學者們研究後指出嚴復並不主張在中國實行立憲制。[94]在嚴復看

---

91 《原富》按語，頁 891。

92 《老子評語》，《嚴復集》，第五冊，頁 1079。

93 參見艾昆鵬，〈嚴復民主思想的道德視角〉，《華中科技大學學報・社會科學版》，第 15 卷，第 4 期，2001・11，頁 100。

94 嚴復在〈原強〉修訂稿提出「設議院於京師，而令天下郡縣各公舉守宰」的建議，〈原強〉中並無此提議，李澤厚認為是嚴復為應付梁啟超而特意加上去的。蔣國保提出更合理的解釋：「設議院於京師」原是嚴復翻譯《原富》時所加的按語，嚴復在 1897 年時著手譯《原富》，在 1900 年時完成；而他應梁啟超所請開始修訂〈原強〉是在 1896 年，所以〈原強〉修訂稿撰寫在前，《原富》譯罷在後。如果此「設議院於京師」是為了應付梁啟超，則這一糾正，就是對自己搖擺不定的政治立場的否定；如果不是為了應付梁啟超，那就是對自己以前的觀點的改正。無論如

來，民主政治是治制的極致，意味著民眾的完全自治，和君民共治的立憲政治有所不同。嚴復指出，立憲政體被稱作自由國家，只是相對於專制政體，並不是指其真正實現了完全的民眾自治，[95]因此不能將立憲政治混同於民主政治。在〈原強修訂稿〉後不久，嚴復發表了〈中俄交誼論〉中說：「夫民權之輕重，與民智之深淺成正比例。論者動言中國宜減君權，興議院。嗚呼！以今日民智未開之中國，顧欲效泰西君民共主之美治，是大亂之道也。」[96]時隔不久，言詞反覆，實啟人疑竇。但在談中國實行立憲政治是否有可能此一問題時，嚴復十分明確指出：

> 歐洲議院之制，其來至為久遠。民習而用之，國久而安之，此其所以能便國而無弊也。今日中國言變法者，徒見其能而不知其所由能，動欲國家之立議院，此無論吾民之智不足以與之也。就令能之，而議院由國家立者，未見其為真議院也。徒多盈廷之莠言，於國事究何裨乎？然則，彼日本何以能之？曰：彼日本

何，都說明了他並不贊成在中國實行君主立憲。（見蔣國保，〈嚴復的「自由、民主」觀〉，《中國哲學史》，1996.3，頁 96。）

95 「夫國有代表議院者，其效果無他，不過政府所行，必受察於國民之大眾耳。夫苟如此，則何必定用自由，稱其國眾為自由之國眾乎？但云其國所建，乃有責任政府族矣。蓋政府無責云者，專制政府、惟所欲為，即至辱國累民，賠國割地，其高高在上，而安享富貴自若。即有責任，亦對於更上之君權，或對於其國之鄰敵。其於百姓，以法制言，固無責也。一有議院，則議院之權，得以更置政府，故名有責政府也。夫此名既立，則自由二字，合依最切之義，定為與政令煩苛或管治太過對立之名詞。」（《政治講義》，《嚴復集》第五冊，頁 1287。）

96 〈中俄交誼論〉發表於光緒二十三年，1897 年。

之君，固新自無權而為有權者也。權孰與之？曰民與之。其民之得議，不亦宜乎！雖然，彼日本議院，至今猶未為便國之制也。既今以往，漸為善制，則未可知耳。[97]

由上論可知嚴復並不贊成中國實施君主立憲政治。原因是當時的民智仍未達到行使立憲政治權利和義務的能力，且中國之立議院無法把握歐洲立憲政治的真義，更難以和日本明治維新相提並論，再者，對西方立憲政體是否可成為東方的「便國之制」也心存懷疑。由此可知，嚴復並不贊成在中國實行君主立憲體制。

做為未來治制的理想追求，嚴復對於西方近代的自由、民主思想的確很推崇，但是他並沒有從「天賦人權」和「社會契約論」的觀點，直接得出廢除封建制度的結論。他認為，中國當務之急要有一個「以勤業為富，以知趨時而富，以節而富，以有功勞而貴，以多才能而貴」的君王，[98]至於行民權，則是遙遠未來的事，試圖在不根本改變封建制度的前提下，由開明君主來實現政治的改良和倫理關係的變化。嚴復對自由、民主的論述，與其他維新思想家相比，還是比較深刻和有系統。他繼承傳統的「民本」思想，並注入西方民主思想的內容，提出了嶄新的「自由為體、民主為用」的命題。嚴復批判中國社會，系統介紹西方自由觀念，特別是把中西差異的總根源歸之於自由與否，更是發前人所未發。

---

97 《原富》按語，頁 884。

98 《法意》，頁 3-4。

自此，自由主義觀念在中國思想政治領域產生持續而深遠的影響。在清末民初，中國社會形成聲勢很大的自由主義思潮。

小結

由本章之論述可知，近代中國的民主思想是在中西方政治文化的碰撞中發展起來的，康有為、嚴復弘揚了傳統的民本思想，並吸取了西方先進的政治學說，宣揚民主思想，目的是要掙脫封建政治文化的羈絆，探求社會進步的途徑和尋求治國的良方。康有為、嚴復以嶄新的價值觀論證君民的地位及其相互關係，認為國家的人民才是主體，是人民推舉君王，君主不能主宰人民。他們已不再把民本做為鞏固君主專制的一種手段，而是要求把人民從專制主義的牢籠中解脫出來，成為國家真正的主人，並賦予其民主權利，這樣的認識實已接近近代民主思想的核心。

康有為變法的核心就在於「君主立憲」制，並在儒家著作中發掘民主思想，指出孔子一生的矢志便是行民主之法，人類進化至大同世界必是民主之治。但道有進化，不能躐等，現今中國只適合行「君民共治」的君主立憲制，並參照日本維新經驗訂出興民權、設議院的主張。

嚴復則指出西方是「自由為體，民主為用」，自由才是西方富強的實質，中國貧弱的關鍵也在於此。然而他雖主張君權一定會過渡到民權，民主社會是理想的社會，但「其時未至，其俗未成，其民不足以自治也」，在中國民力低下、民智未開、民德未興的情況下，不能貿然行民主。因此康有為、嚴復雖主張民主，但種種因素的限制下，真正「主權在民」的民主政治，還難以實現。

第五章

當傳統群己觀面對西化衝擊

第一節 「社群倫理」的萌發

在列強環伺的清末，中華民族面臨生死存亡，群體的要求顯然大過個體意識。在這背景下所發展出來的重「群」思想，有其獨特的目的，乃是以反抗帝國主義侵略和追求國富民強為出發點。

新進知識份子認為廣土眾民的中國之所以如此衰弱，受制於人，是由於分散隔離，互不相謀，且閉塞愚陋、遇事顢頇，因此紛紛借鑑西方思想以啟發民智、激發民心，大倡合群之論，以期喚起民族的覺醒，利用群體的力量救國。在維新人士的的努力下，形成一股「合群」的社會思潮。

中國本是一個小農經濟的國家，人民在這樣封閉的經濟下過著安分守己、與世無爭的生活。而且中國社會的基本單位是家族，家族即社會，人民缺乏國家民族的觀念，因而養成散漫的態度。面臨生死存亡的緊要關頭，必須改變國民「一盤散沙」的心態，因此眾多思想家致力於國民「智、德、力」的改造，豎立新的國民精神，強化群體意識，以凝聚民族的力量，喚醒民眾發揮愛國心，以救國難。而甲午一戰，目睹「蕞爾小國」竟打敗「泱泱大國」的中國人，無不將日本經驗視為模仿的對象。日本之所以能在近代化的道路上，創造明治維新的奇蹟，是源於具有強烈集體主義和民族主義傾向的「日本精神」，和西方技術結合的結果。因而激發中國知識份子紛紛效法日本，大力推行教育，以期養成國民民族意識和群體觀念。[1]

中國長久來為了專制統治的需要，在文化上形成了一套以儒家思想為主體的道德規範，其中深含根深柢固的社群取向。在儒家傳統中，此道德規範是和天人合一的宇宙觀緊結合在一起的，因此，其基本取向是超越個體而肯定那共同的宇宙或社會整體的。王爾敏指出將此道德規範延伸到個人與群體間的相對意識上，則形成兩種觀念：一是社會有機體的觀念，認為個人在民族、國家、社會間如同一個物體的細胞，物體與細胞是生長的共同體，兩者息息相關；另一則是由社會有機體推演出來的「小我大群」觀念，個人價值為輕，國家民族的價值為重。[2]因此，清末知識份子自然受到傳統觀念的影響，在「國之將亡」時，紛紛強調個人對國群應負起的責任。

當時士大夫強調「合群」，除了包含個人聚合成集體外，還將「群」和「君」拉上關係，「群」和「君」的關係受到高度的強調，含有廣大仕紳團結在變法君王周圍的含意，這與微言大義的今文經學有很大的關係。

「群」在古代文獻中的用法，可歸納出七種意義：「三個以上獸類聚成之集體及泛指群物」、「泛指多數及眾多意」、「會合及人群、社會集團意」、「親戚意」、「種類意」、「朋輩意」、及「與君有關意」。其中和「君王」有關的相當少，這

[1] 參見李建權，〈簡論中國近代啟蒙思想家的共識——群體觀念〉，《山西高等學校社會科學學報》，第 4 期，1997，頁 66。

[2] 王爾敏，《中國近代思想史論》（台北：華世出版社，1977），頁 43。

可說是當時知識份子對於「群」做出選擇性的強調。[3]

甲午戰爭前後士大夫的言論，攸關「群」和「群學」的理論根據大多來自荀子，主要是荀子將人和禽獸的本質差別規定為人可以結成「群」的說法，引起廣泛的徵引。嚴復指出：「號其學曰『群學』，猶荀卿言人之貴於禽獸者，以其能群也，故曰『群學』。」[4]譚嗣同（1869-1898）對在論證學會的合法性時也說：「荀子曰：『人之所以異於禽獸者，以其能群也。』是則但為人之智力所能為，而禽獸所不能為者，無不可以學而學，會而會，且通為一學一會也。」[5]而實際上戊戌時期關於「群」的討論和荀子本意是有差別的。

戊戌時期的「群」是指合群或是西方的社會學，荀子的「群」是強調封建的等級結構。荀子指出：

> 禽獸有知而無義，人有氣有生有知亦且有義，故為天下最貴也。力不若牛，走不若馬，而牛馬為用，何也？曰，人能群，彼不能群也。人何以能群？曰：分。……故人生不能無群。

即指出正是因為合群，人才能不斷的駕馭並征服自然。「分」則是一種等級名分，因此群是建立在一種等級結構的

---

[3] 參見金觀濤、劉青峰，〈從「群」到「社會」、「社會主義」──中國近代公共領域變遷的思想史研究〉，《中央研究院近代史研究集刊》，第 35 期，2001．6，頁 16-18。

[4] 〈原強〉修訂稿，《嚴復集》，第一冊，頁 16。

[5] 譚嗣同，〈壯飛樓治事十篇〉（收在蔡尚思、方行編，《譚嗣同全集》，北京：中華書局，1990），頁 16。

社會組織上。又「君者，善群也」，[6]君王被視為群體的化身。荀子雖將「合群」提到重要地位，但他仍以群體的原則為基礎，個體只是這等級序列中的一員，理應以群體為重。荀子這番論點，使「群」與「君」得以結合，以至於可以用「群」來翻譯晚清士大夫所嚮往能緊密地團結在變法君王周圍的「理想」組織型態。因此，梁啟超說：「記曰，能『群』焉謂之君，乃古之君民者，其自號於眾也。」[7]指「群」和「君」的合而為一，其意義與儒家傳統的社群倫理、天人合一的宇宙觀是一致的。所以，康有為指出「以群為體，以變為用，斯二義立，雖治千萬年之天下可也」，[8]既有「群學」的經典根據，又能以今文經的微言大義建構出的一整套變法理論。因此，晚清倡導的「合群」運動，以荀子經典理論做為根據，指出合群的重要和學會組織的合法，藉以團結君王、人民，上下一心，以救國難，這可說是知識份子用今文經學製造變法、改革理論的一種方式。

先前的洋務運動和「中體西用」的策略並未能改變中國衰敗的事實，因此知識份子，轉而導向政治和社會體制的變革。又有學者指出知識份子的思維開始脫離以文化主義和家族主義為核心的「仁學」傳統，而轉向以民族、國家和社會為主要的關懷對象，試圖建立一個以「國群」或「社群」為對象的倫理體系，以取代過去個別化的「三綱五倫」或「修

---

6 《荀子・王制》（台北：臺灣商務印書館，1966），卷 5，頁 7-8。

7 梁啟超，〈說群序〉，《飲冰室文集》（台北：中華書局，1960），第二冊，頁 3。

8 同前註，頁 3。

身養性」的「仁學」傳統。[9]因此這些人的論說中紛紛出現群、民群、國群、合群、群學等用語，而當時，正逢西方社會學說開始傳入中國，因此和合群之說形成雜糅錯綜的關係。試就其中關係加以分析：

一、「群」與「社會」

當時維新變法正如火如荼之際，士大夫的時論、奏摺中大量使用「群」這個字。它們用「群」指涉「社會」（society）；[10]而「社會學」也被稱為「群學」。

「群」一詞在古籍中，是一個常用詞，它的主要意思是多數和個體集合成眾。大約在戊戌變法左右，日本用「社會」翻譯 society 的用法已有中國知識份子採用，但大多數人在談及中國社會組織時，仍喜歡用「群」。「社會」一詞反倒是指「社會學」，非指人們生活在其中的組織。

根據研究，1875 年日本政論家福地櫻痴（1841-1906）譯 society 為社會，社會一詞便以近代意義在日本流行。黃遵憲（1848-1905）在光緒十三年（1887）定稿的《日本國志》中說：「社會者，合眾人之才力，眾人之名望，眾人之技藝，眾人之聲氣，以期遂其志者也。」「社會」一詞指的是「志趣相同的個人結合成一團體」，實和中文「社會」一

[9] 陳其南，〈傳統中國文化中的倫理思想和社會理念──從「仁學」到「群學」的軌跡〉（收在楊國樞編，《中國人的價值觀──社會科學觀點》，台北：桂冠出版社，1993），頁 276。

[10] 嚴復一直用「群」來譯 society。

詞本來含意一樣。「社會」一詞在中國原指「春秋社日迎賽土神的集會」，後來演變成指「村民集會」，如《舊唐書・玄宗紀上》：「禮部奏請千秋節休假三日，及村閭社會。」又進一步演變為「志趣相同結合的團體」，如朱熹編的《近思錄》的〈治法〉篇說：「鄉民為社會，為立科條，旌別善惡，始有勸有恥。」[11]因此中國人用社會指涉 society 並非受日本影響。而且當時在晚清之際，「社會」一詞明確意義是指民間的秘密結社，也就是等同於下層百姓秘密結社。清代秘密結社極為盛行，《宋會要輯本》中就指出「進又有奸滑，改易名稱，結集社會」。[12]雖如此，晚清知識份子並未用「社會」來指他們的社會組織，他們仍喜歡用「群」來表示。

「社會」一詞在晚清較常伴隨著「社會學」出現，並未單獨出現。譚嗣同在光緒二十三年（1897）寫成的《仁學》中說「於西書當通《新約》及算學、格致、社會學之書」。[13]唐才常也說：「若大日本志士所欲餉遺於中國者，則專以政治學、經濟學、哲學、社會學為岌岌。」[14]因此，在晚清「社會」一詞同西方 society 的用法有很大的差距。[15]

---

11 朱熹編，《近思錄》（台北：金楓出版社公司，1997），卷 9，頁 98。

12 楊家駱編，《宋會要輯本》（台北：世界書局，1964），冊 165，頁 6551。

13 譚嗣同，《仁學》（上海：中華書局，1962），頁 6。

14 湖南省哲學社會科學研究所編，《唐才常集》（北京：中華書局，1980），頁 192。

15 參見金觀濤、劉青峰，〈從「群」到「社會」、「社會主義」——中國近代公共領域變遷的思想史研究〉，《中央研究院近代史研究集刊》，第 35 期，2001・6，頁 7-8。

二、「群學」與「社會學」

「群學」本來只是對社會學（sociology）一詞的翻譯，但是在仕紳之間傳佈之後，隨即轉入一個易於誤解的觀念。清末群學同名之下，有合群立會之說、社會學和廣義社會科學之別。康有為、梁啟超的群學與嚴復的群學事實上存在了重大區別。

康有為、梁啟超的是關注政治，利用剛傳入晚清的社會學做為其學理的支撐，遂以「群學」稱其合群立會之說。

在 1895 年 8 月至 1896 年 1 月關於強學會的的文章中，康有為指出：「一人獨學，不如群人共學，群人共學，不如合什百兆人共學。學則強，群則強，累億萬皆智人，則強莫與京。」[16]這「群人共學」是集體求學的意思，和嚴復的「群學」（社會學）概念並不同。康有為合群的重心實是開學會，為變法製造聲勢。「思開風氣，開知識，非合大群不可，且必合大群而力厚也。合群非開會不可。」[17]至於西方社會學，康有為的認知是：「會大群，謂之國；會小群，謂之公司，謂之社會。社會之學，統合大小群而發其耏合之條理……昔在京師合士大夫開強學會，英人李提摩太曰：『……即開此會，中國庶幾自立矣。』夫以一會之微，而泰

16 〈上海強學會章程〉（收在湯志鈞編，《康有為政論集》，北京：中華書局，1981，以下簡稱《政論集》），頁 172。

17 康有為，《康南海自編年譜》（收在劉夢溪，《中國現代學術經典——康有為卷》，河北：河北教育出版社，1996），（以下簡稱《年譜》），「光緒二十一年乙未三十八歲」，頁 841。

西亂國者輒以為關存亡之故，社會之用亦大矣。」[18]在康有為看來，社會學是與強弱存亡直接相關的合群立會之學。

群學的概念是嚴復首倡，嚴復介紹的群學就是早期的社會學。[19]

嚴復在 1895 年《國聞報》發表〈原強〉一文，用達爾文的進化論和斯賓塞的社會學理論闡明國家強弱盛衰之理，第一次提出了「群學」的觀念；1898 年他又在《天演論》中更明確的介紹進化論群學思想；接著在 1898 年譯斯賓塞的《群學肄言》，斯賓塞的社會學理論才得以完整的介紹過來；又在 1899 年譯穆勒的《群已權界論》，在 1903 年譯成了甄克思的《社會通詮》。此外，嚴復也在其他文章中鼓吹群學思想。經過他的譯著，「群學」已成為中國知識界耳熟能詳的顯學，群體觀念成了啟蒙思想家共同強調的思想，群學思想也被視為國家富強的必須手段。

嚴復也同時人一樣，多附會經典，闡發微言大義來引進新學，馮自由回顧當時的情況說：「維新譯事初興，新學家對於日用名詞，煞有斟酌，如社會一字，嚴幾道譯作群，余

---

18 《日本書目志》（收於蔣貴麟編，《康南海先生遺著彙刊》第十一冊，台北：宏業書局，1976），頁 202。

19 法國實證主義者孔德（Auguste Comte,1798-1857）是社會學的創始人，他在 1830-1842 年間完成了《實證主義哲學大綱》中首次使用社會學（Sociology）一詞，自此社會學很快成為社會科學獨立的學科之一。後來，英國斯賓塞發展了孔德的社會學說，並發揮了達爾文的進化論和邊沁的功利主義思想，建立起自己的社會學說。斯賓塞的社會學理論包括兩個部份：一、認為社會也像是生物一樣的有機體的「社會有機體論」。二、進化論也適用於社會生活的「社會進化論」，又稱社會達爾文主義。

則譯作人群或群體。」[20]此即嚴復希望以引證典籍的方式，加速西方社會學在中國的傳播。但嚴復用「群」來指涉「社會」的時間十分短暫。嚴復在譯作中，一直用「群」來譯 society，但在 1903 年翻譯甄克思的《社會通詮》時，已明確放棄以「群」來譯 society 了。值得注意的是，嚴復以群學為名介紹社會學時，引經據典，過於簡略，而且又認為維新之事，「獨難為功，眾易為力」，[21]再加上介紹《天演論》赫胥黎、斯賓塞的進化論主張，大談合群保種，因此引發大家對「群學」的諸多誤解。

群學一詞，在當時還被用來指廣義的社會科學。嚴復以群學做為政治學、法學、宗教學、人文科學的總稱。他指出「以群學為之綱，而所以為之目者，有教化學，有法學，有國計學，有政治學，有宗教學，有言語學」，[22]又「群學之目，如政治，如刑名，如理財，如史學，皆治事者所當有事者也」。[23]嚴復此用法，使當時群學與社會學之間的複雜關係更難以釐清。

---

[20] 馮自由語轉引自陳旭麓，〈戊戌時期維新派的社會觀——群學〉，《近代史研究》，第 2 期，1984，頁 164。

[21] 〈天津國聞報館啟〉，《國聞報》光緒二十三年十月，轉引自《戊戌變法》，上海：人民出版社，1972，第四冊，頁 529。

[22] 《國計學甲部》按語，《嚴復集》，第四冊，頁 847。

[23] 〈西學門徑功用〉，《嚴復集》，第一冊，頁 95。

第二節 康有為發揚群體意識的救亡主張

康有為的「群體意識」，根據其自編年譜記載，早在1884 年便開始探討「生物之源，人群之合」的道理；並在《人類公理》中提出「創地球公議院，合公士以談合國之公理，養公兵以去不會之國，以為合地球之計」的設想：在進化思想的影響下，1890 年他開始對弟子講解「孔子改制之議，仁道合群之原」，[24]關於合群進化的思想。

挽救世變必須有人才，人才的培養在於講學術，講學術就要「合群」。興學堂便是培養變法人才，開民智的好方法，可以學為吸力，引向合群。康有為指出「凡講學莫要於合群，蓋得智識交換之功，而養團體親愛之習。」[25]因此他開始聚眾講學，公開蓄門弟子，為變法維新培養人才。當時在萬木草堂講學時，便在經世之學下設有「群學」一科。[26]當時並未留下任何文字資料，無法考察其具體內容，只能靠康有為、梁啟超事後追述。

康有為、梁啟超倡導的群學，實由典籍中「敬業樂群、會友輔仁」等思想而來。康有為曾批評當時的學堂時指出：「又士皆散處，聲氣不通，講習無自，既違敬業樂群之義，又失會友輔仁之旨。」[27]梁啟超承其師亦在〈湖南實務學堂

---

[24] 《年譜》，頁 824、827、831。

[25] 梁啟超，《南海康先生傳》，頁 62。

[26] 同前註，頁 65。

[27] 〈上海強學會章程〉，《政論集》，頁 173。

學約十章〉規定：「七曰樂群。荀子曰：人之所以異於禽獸者，以其能群也……曾子曰：君子以文會友，以友輔仁……他日合天下而講之，是謂大群，今日合一堂講之，是為小群。」由此可知康有為所謂的「群學」是根據傳統古籍所引伸出來的「合群」主張，非指嚴復的「群學」社會學思想。梁啟超曾經向康有為請教治天下之道，康有為回答說：「以群為體，以變為用，斯二義立，雖治千萬年之天不可已。」[28] 這種「以群為體，以變為用」的主張，可說是是「中體西用」思想的蛻化，由此可知康有為對「合群」的重視。在1895 年到 1896 年的〈強學會序〉、〈上海強學會序〉、〈上海強學會後序〉三篇文章中，康有為具體用「學會」來體現其合群救國主張。

康有為的群體意識是和變法思想、愛國思想緊密結合在一起的。康有為認為要開新政之風氣，「非合大群不可」，而要合群非開會不可，乃積極籌組強學會。他指出：「荀子言物不能群，惟人能群，象馬牛駝不能群，故人得制焉。如能使群，則至微之蝗，群飛蔽天，天下畏焉，況莫大的象馬而能群乎？」康有為指出人可以勝動物是因為人有智慧，又能「群」，因此得出「單則弱，兼則強」的結論。[29]中國之所以在甲午一戰輸給蕞爾小國日本，原因就在於「散而不群，愚而不學」，造成這種散漫原因就在統治者嚴禁結社集會，士人不能相聚講學。康有為指出：

[28] 梁啟超，〈說群序〉，頁 3。
[29] 〈上海強學會後序〉，《政論集》，頁 171。

> 風氣向來散漫，士大夫戒於明世社會之禁，不敢相聚講求，故轉移極難。思開風氣，開知識，非合大群不可，且必合大群而後力厚也。合群非開會不可，在外省開會則一地方官足以制之，非合士夫開之於京師不可。[30]

上論指出組織學會的目的在於衝破限制結社集會的網羅，開啟士大夫「合群」的風氣，通過開會的組織形式，使渙散的個人變為凝聚的社會力量。並且寓學於會，倡學以浚民智，以改變封建桎梏的愚昧，康有為說：

> 一人獨學，不如群人共學，群人共學，不如合什百兆人共學。學則強，群則強，累億萬皆智人，則強莫與京。[31]

指出結成群體，「學業以講求而成，人才以磨厲而出，合重人之心思」，便可集智和匯強，效法日本明治維新，以變法圖強。而且日人何以能驟強？「亦由聽民開社會講求之故」，康有為加以分析指出：「政府以一人任事，精神日力皆有限也，必不能致精。民會則合億萬人之心思，專門講求，其事事新辟固也。」[32]是「合群」讓日本得以自強、突飛猛進。因此他再度強調他強調要挽回民族危機，「惟有合群以救之，惟有激恥以振之，惟有厲憤氣以張之」，[33]於是他又創

30 《年譜》，「光緒二十一年乙未三十八歲」，頁 841。
31 〈上海強學會後序〉，頁 172。
32 《日本書目志》，頁 202-203。
33 〈強學會序〉，《政論集》，頁 169。

立了保國會。因此，組織強學會、保國會等，可視為康有為其群體意識的實踐。

康有為曾指出何謂「群」:「會大群，謂之國；會小群，謂之公司，謂之社會。社會之學，統合大小群而發其耏合之條理」,[34]「群」即社會，社會是小群和大群的集結，「學會」可說是「群」的體現。康有為認為「群」、「會」是人類必追求的生活形態，是人性圓滿的必然追求，如此才能符合古往今來聖人賢士所欲達成的「人道」(仁道)，因此康有為在《長興學記》中說:「仁為『相人偶』之義，故貴於能群。羊能群者也，故善、美、義、羨皆從之。犬不群者也，故獄、獨等字從之。吾既為人，非斯人之徒與而誰與？曰孤曰獨，惟鬼神之道則然，非人道也。」[35]仁愛的要求是己欲立而立人，己欲達而達人，己所不欲，勿施於人。它與物競天擇、優勝劣敗的進化規律產生了矛盾。康有為覺察到這一點。他認為，人與其他生物不同，「必惡獨而合群」。他指出：

> 夫天演者，無知之物也；人義者，有性識之物也。人道所以合群，所以能太平者，以其本有愛質而擴充之，因以裁成天道，輔相天宜，而止於至善，極於大同，乃能大眾得其樂利。[36]

上論指出人類之所以能合群，不隨著物競天擇、優勝劣敗的

---

34 《日本書目志》，頁 202。

35 康有為，《長興學記》(收在樓宇烈整理，《長興學記、桂學答問、萬木草堂口說》，北京：中華書局，1988)，頁 10。

36 康有為，《大同書·辛部》(收在錢鍾書編，《康有為大同論二種》，香港：三聯書店，1998)，頁 351。

規律而互相殘害，是因為人類能自覺的意識到自己的本性，故能擴充固有的愛質，使全人類相親相愛，共享大同太平極樂。

維新派認為群學得以昌大，是由於《天演論》闡發社會進化與「物競天擇」的生物進化同為天演。[37]孫寶瑄（1874-1924）指出：「《天演論》的宗旨，要在以人勝天。世儒多以欲屬人，以理屬天，彼獨以欲屬天，而理屬人。以為治化日進，格致日明，於是人力可以阻天行之虐，而理屬人而群學乃益昌大矣。」而康有為匠心獨運將進化論注入公羊三世說，因此群學思想成了維新派組織的力量，因此孫寶瑄說：「《公羊》、《春秋》之旨，多與群學之公例合。」[38]由此可知，合群之說在康有為等維新派眼裡，是一種社會進化、政治改革的施行原理。

倡學可以「治愚」，設會可以「合群」，學會便是二者的集中體現。而「以群為體，以變為用」是康有為變法救國的思路，因此「學會」正是「群」與「變」的結合，以「會」合群聚力，以「學」應變致用。

第三節 嚴復闡揚群己自由觀

斯賓塞提出了「社會有機論」觀點，指出社會的形態，

---

37 此處「群學」非指社會學，上節已論述，此處應指合群救國之學。

38 孫寶瑄，《望山廬日記》，轉引自陳旭麓，〈戊戌時期維新派的社會觀——群學〉，《近代史研究》，第 2 期，1984，頁 172、175。

及因應之道。嚴復闡釋此觀點，認為社會群體乃是由個人組成，而個人都具有潛力——包括民力、民智、民德等方面，個人為了追求幸福，而能將這些潛能發展到極致。社會群體與個人之間的關係，是嚴復一生所思考的中心主題。試就「群與進化論」、「群己之界」、「群體自由與個人自由」三方面討論之：

一、「群」是社會進化之必然

從「與天爭勝」到「合群體」，這是嚴復獨特的進化倫理思想體系的具體內容。做為一個種群如何才能做到智、德、力三者皆大，而在天演中不遭淘汰，一直是嚴復關注的重點。嚴復把進化論與中國社會的實際情況結合起來，「能群者存，不群者滅；善群者存，不善群者滅」，[39]他提出「合群體」是立國根本的主張。

嚴復說：「群也者，人道所不能外也。」[40]人為什麼要組織社會呢？荀子說：「人之所以異於禽獸者，以其能群也。」「人何以能群？曰分。」[41]即指出人能分工，所以分別完成自己的「職分」。嚴復並不贊同此說法。他把「分工」看成是「能群」的結果，而不是「能群」來自於「分工」。嚴復也不同意赫胥黎把「群道」說成是「由人心善相感而立」觀點，嚴復指出這是「倒果為因」，嚴復說：「蓋人之由散入群，原

39 《天演論》按語，頁 1347。
40 《群學肄言・譯餘贅語》，《嚴復集》，第一冊，頁 125。
41 《荀子・王制》，卷 5，頁 56。

為安利，其始正與禽獸下生等耳，初非由感通而立也。」人完全為了利益的考慮去組成社會的，因為只有通過社會這種形式，人才能在生存競爭中不被淘汰，「群為安利」，這是天演之必然。

人能夠善群才能夠在與天爭勝中圖存。嚴復指出：「善群者何？善相感通是也。」[42]「善相感通」所指的就是超出動物本能的道的倫理，只要善群善安就能使群體中的個體之間能夠和諧相處。而且嚴復也指出「人群以相生相養而存，非教無以合群，非學無以為完全之量。是故教育者，欲人人知職分之所當為，性分之所固有已耳」，[43]嚴復認為教育應教人「善群」，只要人人進自己的本分，即可提升群體的力量，大家互助互利，少爭奪傾軋之事，生活富足安樂。

嚴復也用「群」的觀點來探討中國積弱與對外戰爭一再失利的原因。他的主張主要是根據斯賓塞的「社會有機體」的理論而來，他將斯氏的「社會有機體」比擬於「生物有機體」，認為社會的結構就像是生物的結構一樣。「一群之成，其體用功能，無異生物之一體，大小雖異，官治相准。知吾身所生，則知群之所以立矣」。[44]他從這一有機體的觀點再加以推衍，引申了斯賓塞的社會「總體」的品質的好壞繫於「單位」或「個人」品質的見解。認為只有組成社會的個人品質提升了，才能使社會整體品質獲得改善。

嚴復基於對「群」的重視，特別介紹「群學」：「斯賓塞

---

[42] 《天演論》按語，頁 1347。
[43] 同前註，頁 1362。
[44] 〈原強〉修訂稿，頁 17。

爾者，亦英產也，與達氏同時，其書於達氏之《物種探源》為早出，則宗天演之術，以大闡人倫治化之事，號其學曰群學，猶荀卿言人之貴於禽獸者，以其能群也，故曰群學。」[45] 這群學就是西方的社會學。而群學的內容為何？嚴復說明：

> 凡民之相生相養，易事通功，推以至於兵刑禮樂之事，皆自能群之以性，故錫彭塞氏取以名其學焉。
>
> 群學何？用科學之律令，察民群之變端，以明既往，測方來也。……今夫士之為學，豈徒弋利祿、釣聲譽而已，故將於正德、利用、厚生三者之業有一合焉。群學者，將以明治亂、盛衰之由，而於三者之事操其本耳。

上論指出因人的社會性而產生生活上的各種制度，「群學」所研究的範圍包括人的生活、交往及社會的變遷、發展、治亂興衰現象和法則。嚴復甚至認為「群學治，而後能修齊治平，用持世保民以日進於郅馨香之極盛也」，[46]可見其對「群學」有高度的期望，希望透過對它的研究，找到治理社會的關鍵，中國能因此進入盛世。

二、不侵犯他人的「群己權界」

嚴復是近代中國輸入西方自由主義的第一人。但從一開始，嚴復便將自由與群體緊密結合，自由必須放到群體的架

---

[45] 同前註，頁 16。

[46] 見〈原強〉、〈譯《群學肄言》自序〉，《嚴復集》，第一冊，頁 6、123。

構中去考慮。嚴復對個人價值的肯定，是建立在「群己平衡」的基礎上的。

嚴復肯定個人應享有自由，自由是人類天賦的權利，「生人所不可不由之公理」，[47]自由最基本的要求是「毋相侵損」，行為主體有按自己的意志行動的權力，任何個體或集團都不能侵犯這一權利。因此，他指出「故今日之治，莫貴乎崇尚自繇。自繇則物各得其所，自致而天擇之用，存其最宜，太平之盛。可不期而自至。」[48]然而，嚴復並不主張絕對的自由，認為自由做為公理，它本身有其建立的原則和限制。

在《天演論》中，嚴復第一次引出了正當和合理運用「自由」的尺度，這個尺度就是：「人得自由，而以他人之自由為界。」[49]人的「自由」是有限度的，每一個人在行使自己的自由之權時，不能侵害他人的自由。而後嚴復翻譯了穆勒的《群己權界論》（亦作《論自由》）一書對自由的界線，有了更明顯的劃分。

劃分群己權界，就是探討個人與社會之間的權利界限。穆勒把自己的觀點歸結為兩條原則：第一，個人行為只要不涉及他人，個人就不必向社會交代，他人或社會也無權干涉；第二，個人行為如果涉及到他人，則個人必須向他人或社會交代，如有需要，他人或社會也可以干涉。第一點原則強調公民的權利，即個人自由不受外來侵犯，第二點原則強

47 〈論教育與國家之關係〉，《嚴復集》，第一冊，頁 169。

48 《《老子》評語》，《嚴復集》，第四冊，頁 1082。

49 《天演論》，頁 34。

調個人的義務，即個人自由以不侵犯他人自由為限度。關於第一點個人的自由權利，第三章已詳加論述，現就第二點論之。

個體與群體關係而論，人既要入群，基本的原則就是不侵犯他人自由。嚴復說：

> 自繇者凡所欲為，理無不可，此如有人獨居世外，其自繇界域，豈有限制，為善為惡，一切皆由本身起義，誰復禁之。但自入群而後，我自繇者人亦自繇，使無限制約束，便入強權世界，而相衝突。

指出人要得自由，必須以不妨礙他人的自由之前提，換言之「人的自由，而必以他人之自繇為界」。此「界」乃個體用來確立自我權利和他人權利之界線的「度」，超越了這個度，每個人都絕對地按照自己的意志行事，勢必相互牽掣，反而不可能有行事的自由。所以嚴復強調「必明乎己與群之界，而且自繇之說乃可用耳」，[50]否則，難以抉擇何者可以自由？何者不可自由？

嚴復認為，不侵犯他人自由就是「絜矩之道」。「絜矩之道」是中國古代儒學中的概念。《大學》中記載：

> 所謂天下在治其國者，上老老，而民興孝；上長長，而民興弟；上恤孤，而民不倍。以是君子有絜矩之道。所惡於上，毋以使下；所惡於下，毋以事上；所惡於前，毋以施後；所惡於後，毋以從前；所惡於

---

50 《群己權界論・譯凡例》，頁 132。

右，毋以交於左；所惡於左，毋交於右。謂之絜矩之道。[51]

上論指出「絜矩之道」的本質是推己及人。嚴復認為，「人得自繇，而必以他人之自繇為界，此則《大學》絜矩之道，君子所恃以平天下者矣」。[52]所謂「君子所恃以平天下」，乃是指君子在自己完成自由人格之後，運用「絜矩之道」，主動承擔「新民」的重任，幫助別人獲得自由。按照朱熹的解釋，格物致知，誠意正心及修身屬於「明德」範疇；齊家、治國、平天下屬於「新民」範疇。因此，君子運用「絜矩之道」，得以從成己到成物，最後到達到人人自由、天下和諧的「至善」境界。

三、強調「群體」重於「個人」的自由主張

斯賓塞的社會有機體概念，使嚴復深信群體的存在是個體存在的前提。嚴復就指出「克己自繇二義不可偏廢」，[53]他雖採取「群己平衡」的立場，但在當時舊亡圖存的情況下，只能將國家富強的目標置於個人之上，尋求「國群」之自由為先。

在傳統中，人們堅持認定，群體自由的意義遠遠超過個體的自由，如果一個群體不能獲得自由，個人也就不可能獲

51 《四書集註》（台北：藝文印書館，1974），頁 56。
52 《群己權界論・譯凡例》，頁 132。
53 同前註，頁 133。

得自由，把個體自由和群體自由截然對立起來。嚴復認為應當改變將兩者對立起來的做法，使兩方面相輔相成，使個人自由和群體自由都能夠實現。嚴復進而分析總體和個體之間的關係說：「大抵萬物莫不有總有分，總曰拓都，譯言群體，分曰幺匿，譯言單位。……國，拓都也；民，幺匿也。」[54]個體自由與群體自由的關係，實際上就是「幺匿」（unit）和「拓都」（total），即個體與整體的關係，一個人不能離開群體而獨立生活，而群體又是由單個人所組成的，因此，二者不可各自獨立而存在。再則，個體自由並不是人們對群體的絕對違背。個人應該享有充分的自由權利，任何人都不可以剝奪這種神聖的權利。個體自由也有一定的前提條件，並非隨心所欲。也就是說，個體自由必須服從群體自由，違背群體自由的個體是不容允許的，否則個體自由最終也不能實現。那麼，如何讓個人自由和群體自由都能夠實現，具體而言，就是建立健全的法律制度，用法律規定人們可以享有哪些自由，不可以享有哪些自由，用法律保障個人的自由、群體的自由和國家自主的權利。

由於中國近代國家民族的救亡生存和獨立最為急迫，因此，嚴復把社會群體、國家的自由視為優先。嚴復指出：

> 特觀吾國今處之形，則小己自由尚非所急，而所以袪異族之侵略，求有立於天地之間，斯真刻不容緩之事，故所急者乃國群自由，非小己自由也。[55]

---

54 《群學肄言・譯餘贅語》，頁126。

55 《法意》按語，頁981。

上論指出個人自由應當先以國家自由為重，如果兩者發生了衝突和矛盾，就應把國家放在第一位，「捨己而為群」。[56]嚴復強調國群自由重於小己之自由，乃是基於國群自由是保障個人在物競天擇的殘酷環境下，免於被淘汰，且是小己自由能否實現的必要條件，因而嚴復指出：「夫吾所謂自由者，非獨其名已也，乃民生享真實之利益。國必有此，而後民得各奮其所能，以自求多福於物競之難堪，以庶幾可幸於天擇。苟於群無所侵損，則無人所得阻遏者也。」[57]因此，群體的存在是個體存在的前提。在談論自由思想時，中國近代的啟蒙思想家同樣也多從群體方面來考慮。自由對他們來說，並非絕對的。放任的自由是有條件的，應是服從前提下的自由。他們認為個人的自由必須以團體的自由為保障，而個人的自由又必須以尊重群體的自由為條件，但兩者相矛盾時，應以群體自由為重。

「群」的力量是靠各個「己」所產生的，所以個人的素質、道德品質的優劣決定國家的盛衰，因此嚴復認為「貧民無富國，弱民無強國，亂民無治國」。在論及個體自由與群體自由之間的關係及其各自範圍的觀點時，嚴復主張個人的自由必須嚴格的界定在「不妨礙他人自由」的界限上，但「身貴自由，國貴自主」，[58]國家自主，才能保障人民自由，所以應以群體自由為重。

---

[56] 《天演論》，頁 32。

[57] 嚴復，《群學肄言》(台北：臺灣商務印書館，1970)，頁 295。

[58] 〈原強〉修訂稿，頁 17。

小結

晚清流行的「合群」觀念是和愛國、強國直接相關的。當時談「群」思想的知識份子認識到一個國家必須仰賴每一個國民都發揮力量才行，因此康有為倡導組織學會，合群救國。嚴復更從進化論的觀點指出「天演」是以「群」的力量來競爭，必須緊密結合國群中的每個人，中國才能存留下來。在「己」和「群」的關係上，群己有「界」，應以不妨礙他人的自由為界。而「群體，皆一之積也，所以為群之德，自其一之德而已定」。[59]個體有獨立自由，但社會是個人的集合體，因此積小己之自由，其國全體才得以自由，因此嚴復認為在求得個人自由之前，必須先爭得團體、國家的自由，「小己自由非今所急」，[60]以中國現況宜先爭民族獨立、國家自主。可以說嚴復在譯介西方自由主義時，根據中國的國情，將國家自由放在首位，做為反抗帝國主義侵略、爭取國家自由與民族獨立的重要依據。

---

59 《群學肄言》，頁 40。

60 《法意》按語，頁 981。

第六章

結　論

戊戌變法在思想文化上的意義實比政治上的意義更為重要，戊戌維新思潮是一個西方思想制度的啟蒙，是中國由傳統邁向現代化的標誌。康有為和嚴復都是向西方尋求真理以救亡圖存，協助晚清社會轉化的代表。

當康有為發動群眾，說服光緒帝變法之際，嚴復正因進化論的譯介，聲望如日中天。深具影響力的兩人，都批判封建專制，主張改革才能救亡，但兩人並未合作，只因「志同道不合」。康有為在中國現代化過程中，用中國人的語言和思維方法吸收西方思想，在中西碰撞中吐故納新，並把這些新觀念融合為中國現代文化的組成部分，使之成為轉變觀念改造社會的新文化出發點。他結合學術與政治，將今文經思想予以轉化，向國人宣揚西方思想，並豎起傳統的權威，打著托孔改制的旗幟，製造出一套變法維新的理論。嚴復則是是站在西學的立場看中學，以今釋古，用著譯的方式，系統介紹了西方近代的學術和思想，成為近代中國傳播新文化的第一人，為古老的中國打開了一扇通往世界的大門，並對中西文化進行比較溝通，做中西文化結合的嘗試。嚴復的啟蒙為救亡提供理論基礎和輿論前提，康有為的變法則把啟蒙由理論轉變為現實。因此，兩人的目的雖相同，但立足點不同，論點亦偏重不一。

在中國救亡圖存、由傳統邁向現代化之際，康有為、嚴復的改革主張所凸顯的意義，分論如下：

一、進化論是轉進現代化的思想利器

影響晚清改革，最大的思潮當推進化論，進化論的傳入，對中國這個以自我為中心閉塞僵化的社會掀起了巨大波瀾，發生強烈的震撼作用，從此，覺醒的中國人為救亡圖存而奮鬥不息，加速了現代化的推進。

康有為將自然科學知識融入傳統儒家哲學的「元」、「氣」、「仁」等本體論範疇中，而統合為精神與物質為一的「天」，論證了「天不變，道亦不變」的荒謬。並揉合了進化論和「公羊三世說」的觀點，汲取今文經學「窮變通久」之哲學，提出了「全變」型的社會改革理想。並以「孔子托古改制」之權威，結合政治制度的「三世進化」觀，說明封建制度不過是歷史發展的一個階段，它必然要變為君主立憲制，最後達到「民主共和」的目標。

進化論被嚴復提煉成一種認識自然、社會、歷史的哲學世界觀。在達爾文進化論基礎上，嚴復融合了赫胥黎和斯賓塞的觀點，有所取捨的加以改造，強調世界是由低級到高級「力今勝古」的變化過程，人處於此序列中，「任天為治」的態度不足取，應該「與天爭勝」、「以人持天」，求得生存發展的立足之地。

不同於嚴復的西方進化論主張，康有為的進化思想是以今文經「變易」思想為主體。郭燦認為康有為和嚴復分屬兩大進化史觀。兩者在「不能躐等」的主張有一致性外，其他可說是截然對立。康有為強調進化的動力，來自於「仁」，也就是愛人、愛己；而嚴復則強調進化的動力是競爭，是物競天擇下的自我保衛戰，因此康氏進化觀可謂之「仁愛進化觀」，而嚴氏的則為「競爭進化觀」。[1]嚴復的競爭進化史觀，在民族危急存亡當頭的中國社會激起了強烈反響，最初幾年凌駕於康有為的仁愛進化史觀上，但不久，即遭到批判和反思，人們看到競爭進化論所揭發的無情現實，便逐漸向傳統復歸。

二、國民改造是現代化的前提

在晚清一片改革聲中，啟蒙思想家意識到對社會的改造，必須先對人進行改造，只有深刻的瞭解人的本質，塑造出具新時代意識的人，才能推動國家的進步。因此康有為、嚴復從人性論出發，提出改鑄新人格、重視人的現代化主張。康有為、嚴復重視人的主體意識，主張以人為本位。他們強調「主權在民」，人民有自由、平等之天賦人權；社會總體的好壞取決於「個人」的素質；康有為認為以「仁」的相互感化，便能進化至「大同」；嚴復批評「委天數」，突出人在自然中「竭天」、「制天」的地位。這些主張，不同於封建傳統重視人倫、忽略個人的取向，取而代之的是重視人的尊嚴和價值。

康有為、嚴復通過分析人性，肯定人權。他們主張「自然人性」，否定人性的善惡是先天的命定，後天的發展才是導致善惡的結果。自然本性使然，人有追求物質、享樂滿足

---

1 郭燦，〈嚴復、康有為與近代兩大進化觀的離合〉，《史學理論研究》，第4期，1997，頁72。

的欲望，因此他們用苦樂定善惡，提出新的善惡觀，肯定求利、追求物質的正當。康有為指出「求樂免苦」之欲是人類進化的動力，不能禁絕，否則違反了人道原則；「物質之學」是富強的基礎。嚴復則指出人們本為了「安利」而合群，群道由此產生，「求利」本是人類生活的一部份。「人欲」被提到了前所未有的高度，現代人不再是傳統儒學中不食人間煙火的「君子」。既然性無先天之善，人性本相近，因此人生來都平等、無階級的區分，切合西方「人人平等」的主張，因此他們更標榜人有「自由、平等、博愛」之「天賦人權」，任誰也無法剝奪，以此來打擊封建制度對人的禁錮。透過自然人性論，調和了中西思想，康有為、嚴復提出了比較完整的人道主義綱領，摒棄抽象的「人」，向現實的「人」靠攏，現代化的新人格呼之欲出。康有為、嚴復又從君權制度、自由、功利與道義等層面，論述改造人民素質以達富強的迫切性。因此，康有為指出「開中國之新世界，莫亟於教育」，注重人才的培育；嚴復則提出了「鼓民力、開民智、新民德」的「三民」主張，為近代國民性的改造明確了方向。

在現代化的歷程中，除了思想、制度的現代化，人的現代化尤為變法改革的主調。康有為、嚴復一方面為維新變法尋求理論上的支持，一方面致力於「人」觀念的革新，一方面施予改造，建構了具有近代意義的新國民形象，從而宣告新時代的到來。

三、民主政治是現代化的終極目標

政治民主化是中國近代歷史發展的要求，是中國走出傳統社會，實現現代化不可或缺的內容。中國的民主思想是在中西方政治文化的碰撞中發展起來的。中國欲取得與世界各國平等的地位，擺脫外國的侵略，就迫切需要民主的覺醒及民主政治的施行。

康有為、嚴復基於「民貴君輕」的民本思想，吸取西方政治學說，宣揚民主思想，意在掙脫封建統治，尋求國家富強安定。他們以嶄新的價值觀論證君民的地位及其相互關係，賦予人民政治的權利，指出人民才是國家真正的的主人，這樣的認識實已接近近代民主思想的核心。康有為以西方的民權學說為依據，用民主、平等、自由、議院等解釋了儒家的「民本」思想，孔子被塑造成近代民主精神的化身，論證了興民權、開議院、實行君主立憲的合理性和必要性。嚴復則認知到民主政治所賴以形成的人權思想和自由精神，「自由」才是是西方民主的實質，中西強弱的差距就在於行「自由」程度的高低。並且自由權必須建立在自主與平等的基礎上，受到理性和法制的約束，才能真正促進民主政治的建立和鞏固。雖然民主政治是康、嚴追求改革的終極目標，然而他們強調「其時未至，其俗未成，其民不足以自治也」，不能貿然行民主，因此其「主權在民」的主張，只是紙上談兵而已。雖如此，他們對民權、平等、自由的宣傳，是一次真正民主思想啟蒙運動。

四、現代化社會新倫理的開展

西方「天賦人權」自由、平等、博愛思想的傳入，提升了人的地位，人們不再受限於封建綱常的束縛中，得以自主。康有為認為人人自立自主，是大同太平世界的境界，只要以「仁」心向外博愛蔓延，自由自主之權並不會造成人與人的任何衝突。嚴復則認為中國從封建宗法社會走出後，必須建立一個以法律為規範自由平等的社會，任何人都不能侵犯其他成員的基本自由。然而「身貴自由，國貴自主」，在個人自由和國家自主相衝突的情況下，應人人減損自由，以利國善群為職志。在現代社會，為了滿足個人欲望而產生的「自營」行為，也必須有所限制，既滿足自己的欲望，也不侵犯他人滿足欲望的自由。康有為主張「以禮節欲」，用禮樂政教來調節，並發揚不忍人之心來克制欲望。嚴復則提出「開明自營」的善功思想，指出求利必須在顧及群體和個人的利益下，符合「先義後利」的原則。現代化的新社會，必有一套不同於舊傳統的規範，康有為、嚴復用一些新的概念「自主之權」、「自由」、「開明自營」來界定群己關係，將有助於新社會的和諧。

基於康有為、嚴復的變法改革主張，在晚清社會深具啟蒙意義，因此本論文之寫作，先簡述康有為、嚴復的生平經歷。再從第二章「進化論」切入，指陳其為兩人變法改革的理論依據。康有為、嚴復在西方科學的影響下，從宇宙萬物的究竟，論述天人關係，指出「天不變，道亦不變」的謬誤。並由「三世進化」和「後勝於今」的進化觀點，指出

「世道必進」，世界萬物無不處於「物競天擇、適者生存」的進化序列中，因此，「祖宗之法」必變，否則只有「淘汰」一途。第三章探討「儒學的轉趨現代化」。康、嚴就傳統自然人性論的基調，提出「求樂免苦」、「開明自營」的新理欲觀，高唱西方自由、平等、博愛的人權主張，建構出融中西精神的新倫理道德，以因應新時代的到來。第四章談論「民主思潮」的萌發。康、嚴認識到西方富強的根本是「民主」，因就傳統「民貴君輕」的民本思想，融入西方國家起源的學說，探討君主起源、和君民關係，以批判封建專制之奪民權，民主政治才是政制的極致。然進化有序，民智不足的情況下，中國尚不能行民主，只能行「君主立憲」過渡。第五章探討新時代的「群己觀」，分別闡論「群」、「社會」、「社會學」的關係，及面臨國家存亡，知識份子從荀子「群」觀念的啟發，紛紛倡導合群救國，有別於傳統的「一盤散沙」。康有為用「群人共學」的「學會」來體現其救國主張。嚴復則以「進化論」、「社會有機論」、「自由」探討群、己關係，並主張群己自由有「界」，然個人自由是建立在群體自由上，兩相衝突時，要捨棄小己自由，成全國家的自主。

從本論文中不難發現，康有為面對西化衝擊，為儒學轉化所做的努力。儒家「仁」學的主張，在康有為手中吸納西學加以融合後，有了不同於傳統的面貌。論述宇宙萬物本體時，「仁」是宇宙最高的支配力量，而「仁」就是「不忍人之心」。「仁」是「以太」愛力，也是「愛類」博愛，因此人道之仁愛、人道之文明，人道之進化，乃至民主、太平大同，都從「不忍人之心」衍生出來。康有為如此強調仁和不忍人之心，實因仁和不忍人之心為其哲學嬗變的驅動機制，為其變法改革的思想核心。由此可看出康有為在傳統儒學上的改良和創新，康有為便是用近代價值觀念對古代儒學進行了新的詮釋和重建，把儒學思想核心「仁」從傳統引入現代。在當時，譚嗣同對「仁學」有更多的闡發，因而自成一個與傳統儒學迥然不同的「新儒學」理論體系。吳光指出以康有為、譚嗣同為代表創立的新儒學，已具備近代新儒學的雛形，並為百年以後的新儒學提示了一個正確的發展方向，所以可以說是中國儒學史的一個轉折點。[2]

康有為、嚴復融中西文化之思想，變法改革以扭轉時局，促進中國現代化的推進，的確功不可沒。康有為揚棄封建傳統的糟粕，立足於中國傳統儒家經典，吸取西學適合中國的優秀成分，古為今用，洋為中用，用西方近代的進化論、政治理論以及倫理觀念對中國古老的經典進行了重新闡釋，這些具有前瞻性的作法，促成了社會轉型、中國現代化，對於當時和後世的思想界和學術界都產生極為深遠的影響。儘管康有為的學說中多所矛盾和牽強附會，但它反映了近代中國思想家企圖熔古今中西學於一爐，為中國改革提供新思想、新理論的努力，也是傳統儒學面對西學強烈挑戰時做出的自我改革與理論回應。

嚴復在歷史的定位，是位宣傳西方文化的啟蒙思想家。他以強烈的危機意識，通過中西文化的比較，深入探討中國

---

[2] 吳光，〈從仁學到新仁學：走向新世紀的中國儒學〉（沈清松，《跨世紀的中國哲學》，台北：五南圖書出版公司，2001），頁 399。

落伍的原因。並通過《天演論》和對西書的評介翻譯，開啟了中國人的新眼界，突破了傳統的意識型態，轉創出有利於中國知識份子普遍接受的世界觀和方法論，宣揚了西方自強、自立、進步的價值觀，以此啟蒙國人，達到中國現代化的目的。嚴復獨具特色的思想啟蒙工作的歷史作用是無庸置疑的，但他的基本主張是走一條教育救國的漸進道路。近代中國的主旋律是救亡，救亡和啟蒙是相互促進的，為救亡進行的啟蒙是完全必要的，但離開救亡實際行動的啟蒙，是達不到救亡目的的。

參考書目

一、康有為著作

1. 《南海先生詩集》　門人梁啟超手寫　1966
2. 《康南海先生遺著彙刊》　康有為　台北：宏業書局　1976
⑴新學偽經考　⑵孔子改制考　⑶春秋董氏學　⑷中庸注　⑸孟子微　⑹論語注　⑺春秋筆削大義微言考　⑻禮運注　⑼長興學記　⑽桂學答問　⑾書鏡　⑿俄彼得變政記　⒀日本變政考　⒁日本書目志　⒂七次上書彙編　⒃戊戌奏稿　⒄補錄代草奏議　⒅光緒聖德記丁巳要件手稿　⒆共和平議　⒇官制議　(21)中華救國論　(22)物質救國論　(23)理財救國論　(24)金主幣救國論　(25)不幸而言中不聽則國亡　(26)康南海先生墨蹟　(27)哀烈錄　(28)長安演講錄　(29)康南海先生遺墨　(30)諸天講　(31)康南海文集　(32)康南海先生詩集　(33)康南海先生自編年譜　(34)康南海先生年譜續編　(35)附梁著康南海傳　蔣貴麟編
3. 《萬木草堂遺稿》　康有為　蔣貴麟編　台北：成文出版社　1978
4. 《萬木草堂遺稿外編》　康有為　蔣貴麟編　台北：成文出版社　1978
5. 《康有為全集》　康有為　上海：古籍出版社　1987

6. 《長興學記、桂學答問、萬木草 堂口說》 康有為 樓宇烈編 北京：中華書局 1988
7. 《康子內外篇》 康有為 北京：中華書局 1988
8. 《康有為詩文選》 康有為 北京：人民文學出版社 1990
9. 《康南海自編年譜（外二種）》 康有為 樓宇烈編 台北：中華書局 1992
10.《中國現代學術經典——康有為卷》 康有為 劉夢溪編 河北：河北教育出版社 1996
⑴實理公法全書
⑵教學通義
⑶春秋董氏學
⑷孔子改制考
⑸康南海自編年譜
11.《康有為政論集》 康有為 湯志鈞編 北京：中華書局 1998
12.《康有為大同論二種》
⑴實理公法全書
⑵大同書 康有為 香港：三聯書店 1998

二、嚴復譯書與著作

(一) 譯書

1. 《法意》 法・孟德斯鳩 嚴復譯 台北：臺灣商務印書館 1968

2. 《名學淺說》　英・耶芳斯　嚴復譯　台北：臺灣商務印書館　1968
3. 《群己權界論》　英・約翰穆勒　嚴復譯　台北：臺灣商務印書館　1968
4. 《群學肄言》　英・斯賓塞　嚴復譯　台北：臺灣商務印書館　1970
5. 《天演論》　英・赫胥黎　嚴復譯　台北：臺灣商務印書館　1972
6. 《原富》　英・亞當史密斯　嚴復譯　台北：臺灣商務印書館　1977

(二) 著作

1. 《嚴幾道先生遺著》　南海學會編　新加坡：南海學會　1959
2. 《嚴幾道詩文鈔》　嚴復　台北：文海出版社　1969
3. 《嚴幾道文鈔》　嚴復　蔣貞金輯　台北：世界書局　1971
4. 《嚴復集》
   ⑴詩文、書信
   ⑵譯著按語
   ⑶古書評語
   ⑷天演論
   ⑸政治講義
   ⑹日記
   ⑺碑傳年譜

⑻著譯序跋

⑼師友來函　嚴復　王栻主編　北京：中華書局　1986

5. 《中國現代學術經典——嚴復卷》　嚴復　歐陽哲生編校　河北：河北教育出版社　1996

三、古籍專書

1. 《荀子》　荀況　台北：臺灣商務印書館　1966
2. 《春秋繁露》　董仲舒　台北：臺灣商務印書館　1976
3. 《柳宗元集》　柳宗元　台北：中華書局　1979
4. 《劉賓客文集》　劉禹錫　台北：中華書局　1983
5. 《四書集註》　朱熹　台北：藝文印書館　1974
6. 《朱子語類》　朱熹　台北：漢京出版社　1980
7. 《近思錄》　朱熹　台北：金楓出版社　1997
8. 《龔自珍全集》　龔自珍　北京：中華書局　1959
9. 《仁學》　譚嗣同　上海：中華書局　1962
10. 《古微堂內集》　魏源　台北：文海出版社　1969
11. 《李文忠公選集》　李鴻章　台北：大通書局　1977
12. 《孟子字義疏證》　戴震　台北：廣文書局　1978
13. 《唐才常集》　唐才常　北京：中華書局　1980
14. 《鄭觀應集》　鄭觀應　上海：上海人民出版社　1982
15. 《魏源集》　魏源　北京：中華書局　1983
16. 《明夷待訪錄》　黃宗羲　台北：中華書局　1988
17. 《譚嗣同全集》　譚嗣同　北京：中華書局　1991
18. 《十三經注疏》　台北：新文豐出版社　2001

四、其他參考著作

1. 《嚴復傳》　王栻　上海：上海人民出版社　1957
2. 《康有為譚嗣同思想研究》　李澤厚　上海：上海人民出版社　1958
3. 《飲冰室文集》　梁啟超　台北：中華書局　1960
4. 《嚴復思想述評》　周振甫　台北：中華書局　1964
5. 《南海康先生傳》　張伯楨　台北：文海出版社　1966
6. 《康有為評傳》　沈雲龍　台北：傳記文學　1969
7. 《飲冰室文集》　梁啟超　台北：中華書局　1972
8. 《戊戌變法》　上海：人民出版社　1972
9. 《進化論與倫理學》　赫胥黎　北京：科學出版社　1973
10. 《康有為與戊戌變法》　康同家　台北：文海出版社　1974
11. 《中國之科學與文明》　李約瑟　台北：臺灣商務印書館　1975
12. 《嚴復的富強思想》　劉富本　台北：文景出版社　1977
13. 《朱九江集》　朱次琦　台北：臺灣商務印書館　1977
14. 《嚴幾道年譜》　王蘧常　台北：臺灣商務印書館　1977
15. 《中國近代思想史論》　王爾敏　台北：華世出版社　1977
16. 《嚴復》　郭正昭　台北：臺灣商務印書館　1978
17. 《康有為家書考釋》　李雲光　香港：匯文閣　1979
18. 《康有為與戊戌變法》　湯志鈞　北京：中華書局　1984
19. 《清末公羊學》　孫春在　台北：臺灣商務印書館　1985

20.《西洋社會思想史》　龍冠海台北：三民書局　1985
21.《從傳統到現代》　金耀基　台北：時報文化出版公司　1985
22.《四十自述》　胡適　台北：遠流出版社　1986
23.《三松堂全集》　馮友蘭　開封：河南人民出版社　1986
24.《中國現代化的歷程》　金耀基　台北：時報文化出版公司　1986
25.《康有為》　王樹槐等　台北：臺灣商務印書館　1987
26.《搖籃與墓地：嚴復的思想與道理》　陳越光等　台北：谷風出版社　1987
27.《康有為大傳》　馬洪林　北京：人民出版社　1988
28.《康有為思想研究》　蕭公權　台北：聯經出版事業　1988
29.《康有為思想研究》　鍾賢培　廣州：廣東高等教育出版社　1988
30.《嚴復：中國近代思想啟蒙者》　林保淳　台北：幼獅出版社　1988
31.《中國文化的展望》　殷海光　台北：桂冠書局　1988
32.《中國近代文化問題》　龔書鐸　湖南：人民出版社　1988
33.《革新派巨人康有為》　林克光　北京：中國人民大學　1990
34.《改良與革命的中國情懷：康有為與章太炎》　湯志鈞　台北：臺灣商務印書館　1991
35.《儒學的危機與嬗變》　房德鄰　台北：文津出版社

1992
36.《中國人民精神的重建：戊戌——五四》　郭國燦　長沙：湖南教育出版社　1992
37.《中國人的價值觀——社會科學觀點》　楊國樞　台北：桂冠出版社　1993
38.《康有為先生年譜》　吳天任　台北：藝文印書館　1994
39.《清代學術概論》　梁啟超　台北：臺灣商務印書館　1994
40.《理》　張立文　台北：漢興書局　1994
41.《數理化通俗演義》　梁衡　新竹：理藝出版社　1995
42.《中國近現代思想觀念史論》　林安梧　台北：學生書局　1995
43.《尋求富強：嚴復與西方》　史華茲　上海：江蘇人民出版社　1996
44.《中國近代思想史論》　李澤厚　台北：三民書局　1996
45.《中國近代的解構與重建——嚴復》　台北：政大文學院　1996
46.《中國近三百年學術史》　錢穆　台北：臺灣商務印書館　1996
47.《天》　張立文　台北：七略出版社　1996
48.《康有為傳》　湯志鈞　台北：臺灣商務印書館　1997
49.《康有為》　何金彝　長春：吉林文史出版社　1997
50.《近代中國與新世界：康有為變法與大同思想研究》　蕭公權　上海：江蘇人民出版社　1997
51.《康有為評傳：時代的弄潮兒》　朱義祿　桂林：廣西教

育出版社 1997

52.《中西文化之會通：嚴復中西文化比較與結合思想研究》 李承貴 南昌：江西人民出版社 1997

53.《嚴復評傳》 楊正典 北京：中國社會科學出版社 1997

54.《嚴復》 王中江 台北：東大出版社 1997

55.《性》 張立文 台北：七略出版社 1997

56.《康有為》 汪榮祖 台北：東大圖書公司 1998

57.《康章合論》 汪榮祖 台北：聯經出版事業 1998

58.《嚴復評傳》 郭良玉 台北：蘭臺企業有限公司 1998

59.《自由之所以然》 黃克武 台北：允晨文化 1998

60.《嚴復學術思想研究》 張志建 北京：商務印書館 1998

61.《康有為大同思想研究》 臧世俊 廣州：廣東高等教育出版社 1999

62.《嚴復思想新論》 劉桂生等 北京：清華大學出版社 1999

63.《戊戌維新運動專題研究》 劉兵 北京：師範大學出版社 1999

64.《康有為》 鄭大華 香港：中華書局 2000

65.《康有為評傳》 馬洪林 南京：南京大學出版社 2000

66.《中國近三百年學術史》 梁啟超 台北：里仁書局 2000

67.《變》 張立文 台北：七略出版社 2000

68.《近代倫理思想的變遷》 張豈之 北京：中華書局

2000
69.《科學與愛國：嚴復思想探索》　習近平　北京：清華大學出版社　2001
70.《論中國學術思想變遷之大勢》　梁啟超　上海：上海古籍出版社　2001
71.《致富論》　張躍　北京：中國社會科學出版社　2001
72.《跨世紀的中國哲學》　沈清松　台北：五南圖書出版公司　2001
73.《中國哲學史新論》　馮友蘭　北京：人民出版社　2001
74.《百年家族：康有為》　王明德　台北：立緒文化　2002
75.《清初公羊學研究》　丁亞傑　台北：萬卷樓出版社　2002
76.《嶺南維新思想新論：以康有為、梁啟超為中心》　宋德華　台北：中華書局　2002
77.《亞當史密斯：《國富論》與中國》　賴建誠　台北：三民書局　2002
78.《中國社會思想史》　王處輝　天津：南開大學出版社　2002

五、期刊論文

1. 〈戊戌時期的維新派的社會觀——群學〉　陳旭麓　《近代史研究》　第2期　1984
2. 〈戊戌維新時期的「群學」〉　王宏斌　《近代史研究》　第2期　1985
3. 〈簡論近代中國民主思想的演變　歷程〉　李淑　《南京

師大學報》　第 4 期　1994

4.〈近代中國哲學歷史觀的演進與變革〉　郭建寧　《長沙水電師院社會科學學報》　第 4 期　1994

5.〈晚清思想解放潮流的崛起及其特色〉　吳雁南　《畢節師專學報》　第 3 期　1994

6.〈嚴復的翻譯〉　汪榮祖　《中國文化》　第 9 期　1994.2

7.〈康有為的重智思想〉　何金彝　《江海季刊》　第 4 期　1995

8.〈傳統民本思想源流考評〉　遲汗青　《北方論叢》　第 3 期　1995

9.〈試析康有為對「春秋」「三世」義之闡發〉　王妙如　《問學集》　第 5 期　1995.9

10.〈嚴復對中西哲學的會通〉　李承貴　《中國文化月刊》　1995.12

11.〈康有為的人性論思想研究〉　張積家　《心理學報》　1996.2

12.〈嚴復的「自由、民主」觀〉　蔣國保　《中國哲學史》　1996.3

13.〈康有為的倫理思想評析〉　沈清松　《丘海季刊》　1996.5

14.〈康南海的君主立憲制與現代化〉　董方奎　《丘海季刊》　1996.5

15.〈簡論中國近代啟蒙思想家的共識——群體觀念〉　李建權　《山西高等學校社會科學學報》　第 4 期　1997

16.〈嚴復、康有為與近代兩大進化觀的離合〉 郭燦 《史學理論研究》 第 4 期 1997

17.〈康有為的社會改革思想研究〉 陳鵬鳴 《孔孟月刊》 第 8 期 1998

18.〈嚴復與傳統倫理道德思想近代化〉 林平漢 《世紀橋》 第 2 期 2001

19.〈中國近代公共領域變遷的思想史研究〉 金觀濤 《中央研究院近代史研究集刊》 第 35 期 2001.6

20.〈嚴復民主思想的道德視角〉 艾昆鵬 《華中科技大學學報》 第 4 期 2001.11

21.〈從個人到社群：中國近代自由主義者的困頓〉 盧毅 《人文雜誌》 第 4 期 2002

22.〈康有為對傳統儒家經典的新闡釋〉 唐明貴 《聊城大學學報》 第 1 期 2002

23.〈嚴復對「自繇」思想的解讀〉 嚴德如 《中國近代史》 第 5 期 2003

24.〈評嚴復的社會起源說〉 俞正 《史學月刊》 第 8 期 2003

25.〈嚴復對進化論的選擇和創新〉 陳國慶 《西北大學學報》 第 1 期 2003.2

26.〈清末群學辨證——以康有為、梁啟超、嚴復為中心〉 姚純安 《歷史研究》 2003.5

27.〈再論嚴復對自繇學說的理解〉 陳國慶 《西北大學學報》 第 1 期 2004

六、學位論文

1. 《嚴復變法思想之研究》 黃圭學 台灣大學法律研究所碩士論文 1981
2. 《康有為哲學思想之研究》 柳香秀 中國文化大學哲學研究所博士論文 1988
3. 《康有為的大同思想》 安雲奐 台灣大學政治研究所碩士論文 1991
4. 《康有為經學述評》 丁亞傑 中央大學中國文學研究所碩士論文 1992
5. 《近代中日社會思想中的人性論——以康有為及福澤諭吉為中心》 林正珍 台灣師範大學歷史研究所博士論文 1992
6. 《嚴復思想研究》 高大威 政治大學中國文學研究所博士論文 1992
7. 《康有為公羊思想研究》 王妙如 淡江大學中國文學研究所碩士論文 1996
8. 《康有為《孟子微》研究》 洪鎰昌 中興大學中國文學研究所碩士論文 1998
9. 《嚴復教育思想研究》 吳中和 台北師範學院國民教育研究所碩士論文 1998
10. 《嚴復道家思想研究》 黃麗頻 逢甲大學中國文學研究所碩士論文 2001
11. 《論康有為思想發展與廖平的關係——以康、廖兩人相關著作為例》 崔泰勳 台灣大學中國文學研究所碩士論文

2002

12.《康有為《孔子改制考》研究》　洪鎰昌　高雄師範大學國文研究所博士論文　2004

國家圖書館出版品預行編目資料

從康有爲和嚴復看晚清思想之嬗變／鄭雅文著.
-- 初版. -- 臺北市：萬卷樓, 2007[民 96]
面；　　公分
參考書目：面
ISBN 978 - 957 - 739 - 584 - 9 (平裝)
1. 康有爲 - 學術思想 - 哲學　2.嚴復 - 學術思想 - 哲學　3.哲學 - 中國 - 晚清(1840-1911)
128　　96000825

從康有為和嚴復看晚清思想之嬗變

著　　者：鄭雅文
發 行 人：陳滿銘
出 版 者：萬卷樓圖書股份有限公司
臺北市羅斯福路二段 41 號 6 樓之 3
電話(02)23216565・23952992
傳真(02)23944113
劃撥帳號 15624015
出版登記證：新聞局局版臺業字第 5655 號
網　　址：http://www.wanjuan.com.tw
E - mail　：wanjuan@tpts5.seed.net.tw
承印廠商：中茂分色製版印刷事業股份有限公司
定　　價：260 元
出版日期：2007 年 4 月初版
2009 年 8 月初版二刷

(如有缺頁或破損，請寄回本公司更換，謝謝)
◉版權所有　翻印必究◉

ISBN：978 - 957 - 739 - 584 - 9